Knaur

Über die Autorin:

Die Italienerin Kuki Gallmann kam 1970 zum ersten Mal nach Kenia. 1972 machte sie das Land zu ihrer neuen Heimat. Nach dem tragischen Tod ihres Mannes und ihres Sohnes wandelte sie die Familienfarm in die Gallmann Memorial Foundation um. Kuki Gallmann lebt mit ihrer Tochter in Laikipia, Kenia.

KUKI GALLMANN

DIE NACHT DER LÖWEN

ROMAN

Aus dem Englischen von Ulrike Wasel
und Klaus Timmermann

Knaur

Die englische Originalausgabe erschien 1999 unter dem Titel
»Night of the Lions« bei Viking, London

Besuchen Sie uns im Internet:
www.droemer-weltbild.de

Vollständige Taschenbuchausgabe 2001
Droemersche Verlagsanstalt Th. Knaur Nachf., München
Copyright © 1999 by Kuki Gallmann
Copyright © 1999 der deutschsprachigen Ausgabe bei
Droemersche Verlagsanstalt Th. Knaur Nachf., München
Alle Rechte vorbehalten. Das Werk darf – auch teilweise –
nur mit Genehmigung des Verlages wiedergegeben werden.
Umschlaggestaltung: ZERO Werbeagentur, München
Umschlagabbildung: Tim Davis/Tony Stone, München
Satz: Ventura Publisher im Verlag
Druck und Bindung: Clausen & Bosse, Leck
Printed in Germany
ISBN 3-426-61826-5

2 4 5 3 1

Für Makena, eine Tochter Afrikas, und für
all meine jungen afrikanischen Freunde.

Dreams can change your life, and eventually the world.

FATIMA MERNISSI, *The Harem Within*

Inhaltsverzeichnis

Karten	8
Danksagung	11
Einleitung	13

TEIL EINS
Erzählungen vom Great Rift Valley

Der Sommer der Krebse	21
Die Möwen	37
Spinnentanz	51
Einen Elefanten, wieso?	76
Eines Tages in Kiwayu	86
Die Suche nach Sandy	101
Die Straße nach Rubu	118
Die Nacht der Löwen	140

TEIL ZWEI
Nichts als Staub in Arba Jahan

Rückkehr nach Moyale	169
Die Geschichte von Osman	179
Die Geschichte des Abagatha	186
Die Geschichte von Rehema	196
Der Kameltreck	202

Postskriptum	263
Zitate	267
Glossar	269

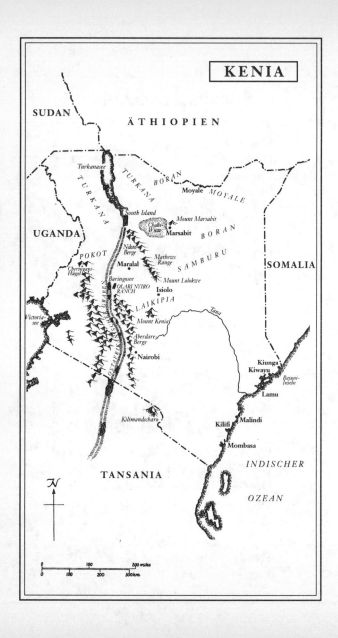

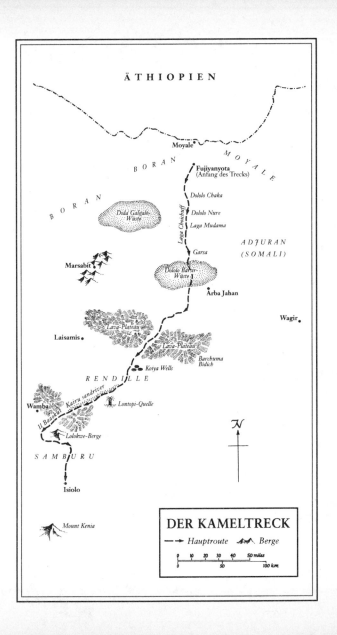

Danksagung

Ich danke meinen afrikanischen Freunden auf Ol Ari Nyiro für ihre Geduld und Liebe; meinen treuen Leserinnen und Lesern, die sich die Zeit genommen haben, mir zu schreiben, daß sie sich bei der Lektüre meiner Geschichten in Afrika verliebt haben und nach Kenia gereist sind, um jene Farben, Gerüche und Geheimnisse zu entdecken und jene Menschen kennenzulernen, und die all das gefunden haben; den vielen konstruktiven, positiven Afrikafans, den wohlmeinenden Botschaftern, die dieser Kontinent braucht.

Toby Eady, meinem »Bruder« und zuverlässigen Verbündeten; Gilfried Powys, dem leitenden Kopf der Gallmann Memorial Foundation, ihren Mitarbeitern und Förderern, mit deren Hilfe der Traum erst Wirklichkeit werden konnte; meiner Tochter Sveva, »Makena«, für ihre Weisheit und ihr Lächeln.

Einleitung

Als ich nach Afrika kam, sprachen mich die Menschen mit Memsaab an; später tauften sie mich Nyawery, »die, die hart arbeitet«. Jetzt nennen sie mich Mama. Weil ich mich entschieden habe zu bleiben und weil ich dazugehöre.

Afrika ist ein Kontinent der Extreme.

Es gibt ein Afrika der Hoffnungslosigkeit und Hungersnöte, der Korruption und Kriege, des Blutes und des Hungers und der Tränen, der unheilbaren Krankheiten und Stammesfehden und der politischen Unruhen. Es gibt Dürrekatastrophen und Überschwemmungen. Es gibt übervölkerte Städte, Kinder, die in den Straßen Klebstoff schnüffeln, Kinderprostitution, Elendsviertel, wo in offenen Abwasserkanälen der scheußliche Unrat verzweifelter Menschen ohne Arbeit, ohne Zuhause, ohne Zukunft treibt, Straßen mit Schlaglöchern und Müllbergen, in denen abgemagerte Ziegen nach etwas zu fressen suchen.

Das ist das Afrika, über das man heute in jeder Zeitung liest, das wir tagtäglich in einseitigen Berichten im Fernsehen vermittelt bekommen. Es ist ein Afrika, das geknechtet und abhängig ist, weil es mit Entwicklungshilfezahlungen erpreßt wird, ein Afrika, das ständig verurteilt, ständig kritisiert und niemals verstanden wird. Die reichen Länder des Westens haben ihm ihr häßliches, konkurrenzbetontes, hektisches Bild aufgedrückt, Bedürfnisse geschaffen, fremde Weltanschauungen aufgezwungen und unsinnige Projekte finanziert, die sich weder für die Möglichkeiten noch für den wahren Geist dieses gepeinigten und wundervollen Landes eignen; und sie sind nur allzu schnell bereit, ihm diese Hilfe wieder zu entziehen und über Afrika den Stab zu brechen, wenn es sich ein weiteres Scheitern zuschulden kommen läßt.

Ich singe ein anderes Lied über Afrika.

Es bedarf keiner weiteren negativen Darstellung, die einen negativen Nachgeschmack hinterlassen und keinem Zweck dienen würde.

Dieser alte Kontinent hat noch eine andere Seite. Das Afrika, das seit undenklichen Zeiten bei Reisenden ein tiefes Wiedererkennen bewirkt, eine unerklärliche Sehnsucht zurückzukommen. Das Afrika, das noch immer das besitzt, was die übrige Welt verloren hat. Weite. Wurzeln. Traditionen. Schönheit. Unberührte Natur. Seltene Tiere. Außergewöhnliche Menschen. Das Afrika, das stets all diejenigen anziehen wird, die noch zu träumen vermögen.

Dieses Afrika, das Paolo und Emanuele aufgenommen hat, heilte meine Trauer und wurde mir zur Lebensaufgabe. Dieses mütterliche, ursprüngliche Afrika lehrte mich, die Dinge anzunehmen, auszuhalten und zu überleben. Ich erkannte es als einen Ort, wo Weisheit zu finden ist. Einen Ort, um diese Reise zu beenden und eine neue zu beginnen. Einen Ort der Erneuerung und der Wiedergeburt. Einen guten Ort, um zu sterben.

In Ol Ari Nyiro – Ort der dunklen Quellen –, tief im Herzen Kenias, wo ich heute noch lebe, ging ich in jenen dunklen Tagen der Einsamkeit über die Hügel und durch die Täler, um meinen Körper zu ermüden, und stellte dem Wind jene Fragen, deren Antworten der Grund für mein Weiterleben sind. Ich vermißte Paolo, einen Mann für jede Zeit und jeden Ort, gutaussehend, unwiderstehlich charmant, eloquent und tapfer; glücklich im Urwald und gewandt in einem Palast; ich vermißte seine Poesie und seinen Flair. Ich vermißte Emanuele, der mir beigebracht hatte, was es bedeutet, Mutter zu sein, meinen empfindsamen, klugen Jungen, dessen Augen schon die Traurigkeit und die Weisheit des Alters besessen hatten und der in jener Nacht von einer der Schlangen gebissen worden war, die er geliebt hatte.

Während ich so alleine durch den Zauber unberührter afrikanischer Landschaften ging, offen für Wachstum, so wie man es am Tiefpunkt des Leidens ist, da fühlte ich mich durch und durch als Teil des Ganzen. Als ich eines Abends hinunter in die atemberaubenden Tiefen der Mukutan-Schlucht im Great Rift Valley blickte, in diese lebendige Kathedrale des Geistes – da fand ich meinen Frieden.

Da gab es Sveva, die Tochter, die Paolo niemals mehr kennenlernen würde, dieses strahlende Mädchen – meine Hoffnung und meine Zukunft. Ich war in Afrika, und das war meine Rettung.

Zum Gedenken an Paolo und Emanuele gründete ich die Gallmann Memorial Foundation und widmete den Rest meines Lebens der Aufgabe, mich für Afrikas Umwelt einzusetzen.

Meine Geschichten sind Liebesgeschichten über Kenia – mein Afrika.

Es ist das Afrika des Sonnenscheins und atemberaubender, endlos weiter Landschaften, von umherziehenden Herden in den Savannen, von rotem Staub und galoppierenden Giraffen, von Wäldern und Schnee und prähistorischen Seen, von freundlichen, schönen, intelligenten Menschen, deren Armut nicht die des Geistes ist. Menschen, denen Tradition wichtig ist, denen Familie noch etwas bedeutet, die die Jungen beschützen und die Alten respektieren und sich um die Kranken kümmern und den Hungrigen zu essen geben, selbst wenn sie dafür das wenige, das sie haben, noch teilen müssen; großzügige Menschen, die stets zu einem Lächeln bereit sind und gerne verzeihen; Menschen mit einem Lied im Herzen und tanzendem Gang; ausdauernd, mutig und unendlich geduldig. Die Menschen in Kenia, deren alte erwiesene Klugheit ich achte. Ich grüße sie und danke ihnen, daß sie mich in ihrer Mitte aufgenommen haben, daß ich meine Männer in der Erde meines Gartens begraben durfte, wie die Afrikaner es tun, und daß sie mir die Ehre und die Möglichkeit gewährt haben, Kenianerin zu werden, eine von ihnen.

Ich habe neue Geschichten zu erzählen. Ich habe alte Geschichten, die ich noch nicht erzählt habe.

Noch immer kommen die Elefanten in meinen Garten in Kuti, genau wie vor einem Vierteljahrhundert; noch immer – heute mehr denn je – tauchen nachts plötzlich Büffel im Scheinwerferlicht meines Wagens auf; noch immer kommen die Nashörner zur Salzlecke unterhalb des »Nestes«, und in mondlosen Nächten streifen die Löwen um das *boma* und reißen ein Rind, wie sie es tun, seit es in Afrika Löwen und Rinder gibt. Schmetterlinge und seltene Vögel schmücken die Wälder, und noch immer suchen Millionen von rosa Flamingos in den stillen Salzseen nach Nahrung.

Die Pokot-Hirten stehen auf einem Bein, eine schwarze Decke mit erhabener Eleganz über die Schulter geworfen, leuchtende Perlen um den Hals und eine winkende Straußenfeder an der Mütze.

Wieder lecken die Wellen einer Flut leise an den Mangroven, während der Fischadler irgendwo an der Nordküste seine Jagdgründe inspiziert, abseits der ausgetretenen Pfade. Noch immer gibt es einsame, unberührte Gegenden, die von menschlichem Fortschritt verschont geblieben sind und wo nach wie vor Harmonie herrscht.

Magie und das Unerklärliche berühren noch immer unser Leben. Von diesem lyrischen, heilenden Afrika möchte ich erzählen, dem Afrika, in dem ich lebe, Tag für Tag, und das zu erhalten ich mir zur Lebensaufgabe gemacht habe.

Hunderte von jungen, intelligenten Kenianerinnen

und Kenianern besuchen das »Wilderness Education Centre«, das ich zu Ehren meines Sohnes gegründet habe, und entdecken auf unserer Ranch Ol Ari Nyiro ihr Afrika. Alle diese jungen Leute sind Boten, die mein Anliegen einen Schritt weitertragen. Durch Ausbildung und das Sammeln unmittelbarer Erfahrungen wird sich die heutige Generation der Wichtigkeit ihrer so einzigartigen Umwelt bewußt.

Denn die Welt braucht Schönheit, und die Jugend braucht Hoffnung.

Diesen jungen Menschen und meiner Tochter Sveva, die sie Makena nennen, widme ich dieses Buch mit wahren Geschichten.

TEIL EINS

Erzählungen vom Great Rift Valley

Der Sommer der Krebse

Für meinen Vater

Den Blick auf glückliche Herbstfelder,
und in Gedanken an frühere Zeiten.

TENNYSON, *The Princess*

Am gegenüberliegenden Ufer fraßen zwei Kamele mit ihren Greiflippen von den wächsernen Sumachsträuchern. Sie gingen träge weiter und waren Sekunden später völlig verschwunden. Ernteameisen trugen geschäftig Grassamen, marschierten in einer zickzackförmigen, wirren Prozession dahin und eilten in ihre Löcher. Ich hockte da, die Sonne brannte mir auf den Rücken meines Khakihemdes und auf meine nackten Beine, und angelte.

Die braune Wasseroberfläche kräuselte sich, eine große verschlammte Klaue tauchte auf und packte zielstrebig das Stückchen verfaultes Fleisch, das ich an einen Faden gebunden hatte, den ich festhielt.

»Ich hab ihn!« schrie ich fröhlich, und mit einem Ruck zog ich das Tier aus dem Wasser.

Dort lag es nun, am *murram*-Ufer des Stausees bei Ol Maisor, ein winziges Monster aus der Unterwelt, rot und glänzend, und ertastete mit den Fühlern die neue Umgebung, wobei die Beine schon wieder zaghaft zurück in Richtung See krochen.

Am anderen Ufer näherten sich fünf Zebras. Einen Moment lang standen sie regungslos da, blickten sich um und trotteten dann mit gesenktem Kopf zum Wasser, um zu trinken, während der Hengst Wache hielt und mit dem Schwanz nach unsichtbaren Fliegen schlug. Keine Brise störte die träumerisch wabernde Hitze, die vom Boden aufstieg, und von dornigen Baumwipfeln erklang der fröhliche, lautstarke Chor der Zikaden und afrikanischen Vögel zur Mittagszeit.

Eine Windhose fegte wie ein Derwisch herüber und löste sich gleich wieder auf.

»Der größte Flußkrebs, den ich seit langem gesehen habe«, sagte Paolo anerkennend. »Erstaunlich, wie groß die hier werden. Ich dachte, sie würden nur in kaltem Klima gedeihen.«

In nicht ganz zwei Stunden fingen wir einen Eimer voll. Am Abend fuhren wir nach Ol Ari Nyiro zurück, jagten unterwegs eine Herde Oryx über Land, sahen einen orange-wilden Sonnenuntergang, sangen zusammen ein italienisches Lied, und das Savannengras war hoch und in dem dämmerigen Licht wie mit Geheimnissen durchwirkt.

Am nächsten Tag fuhr ich zum Ngobitu-Stausee und setzte dort feierlich alle Krebse aus.

»Eines Tages fange ich euch wieder«, ließ ich sie wissen. »Euch und sämtliche Generationen, die ihr in den nächsten Jahren hervorbringt.« Sie verschwanden rückwärts in dem trüben roten Wasser und ließen nur ein paar Blasen zurück.

Damals waren wir noch nicht lange in Laikipia.

Es war eine Zeit der Erkundungen, der Abenteuer, der Liebe und des Staunens, als wir das neue Land entdeckten, das wir für unser Heim und für uns auserwählt hatten. Es war eine Zeit der Jugend und Unbeschwertheit, als die Zukunft noch golden war und das Glück noch aus den Vögeln am Morgen und den Wolken am Abend bestand, aus türkisfarbenen Eidechsen auf heißen Steinen, Webervögeln, die in den Fieberakazien ihr Nest bauten, und Mistkäfern, die emsig riesige Kugeln rollten. Aus berauschenden Düften von wildem Jasmin und aus den Pokot-Frauen, die barbrüstig und mit langen Fellröcken stolz erhobenen Hauptes an der Grenze von Ol Ari Nyiro entlangschlenderten und ihr Vieh hüteten.

Es war eine Zeit, in der ich staunend zusah, wenn Büffel sich im Schlammbad suhlten, Elefanten geräuschlos wie Schatten eine Lichtung überquerten, wenige Meter entfernt, ohne sich um mich zu kümmern; eine Zeit, in der ich nachts am hinteren Ende meines neuen Gartens stand, fast genau dort, wo jetzt die Gräber sind, durch ein langes Umhängetuch gegen die kalte Brise aus dem Osten geschützt, wachsam auf das Bellen der Hyänen in den Hügeln lauschend und auf das heisere, rhythmische Jagdlied der Löwen und Leoparden; eine Zeit, als meine Familie noch zusammen und meine Männer bei mir waren.

In den darauffolgenden Monaten und Jahren geschah so viel, daß ich meine Krebse vergaß.

Es war im Sommer 1981 – Paolo war seit einem Jahr tot, der Baum, zu dem er geworden war, trug seine ersten Blüten, und das Baby, das Paolo gezeugt, aber nie gesehen hatte, begann zu sprechen –, als ich mich plötzlich erinnerte und zu Emanuele sagte: »Sollen wir mal nachsehen, ob im Ngobitu-See Krebse sind? Wenn sie nicht alle gestorben sind, müßten es mittlerweile viele sein. Wann haben wir sie dort ausgesetzt? Vor fünf, sechs Jahren?«

Wir konnten uns nicht erinnern. Doch Emanuele, ein schlaksiger Teenager mit ernsten, spöttischen Augen, holte etwas frisch aufgetautes Fleisch als Köder, sprang auf sein neues Motorrad und rief, bevor er in einer rostroten Staubwolke verschwand: »Wenn da welche sind, fang ich sie. Mach du schon mal die Dill-Mayonnaise, Pep!«

Ich glaubte allerdings nicht, daß wir welche finden würden. Nie hatten wir an den Ufern die ausgetrockneten, gebleichten Panzer gefunden, Überreste der Mahlzeit eines Storchs oder Reihers, die auf ihre Anwesenheit hingewiesen hätten. Auch wenn wir Tilapien oder Schwarzbarsche fangen waren, hatten wir kein einziges Mal den seltsamen Schatten der Wassertiere entdeckt, die ungelenk an seichten Stellen lauerten.

Daher war ich sehr überrascht, als Emanuele etwa eine Stunde später triumphierend auftauchte und den größten, prächtigsten Krebs in Händen hielt, den ich je gesehen hatte. Er sagte: »Da wimmelt es nur so von ihnen. Wir müssen sie auf die Speisekarte setzen.«

Und genau das tat ich.

Mein Koch Simon protestierte schwach, mit dem typischen Stolz eines Turkana, gegen die Invasion der seltsamen Geschöpfe in seiner Küche, doch schließlich gab er nach, als ihm die ulkigen Babykrebse, inzwischen in hübschem leuchtendem Rot und mit Sellerie und Zitronenscheiben auf den Silbertellern gekrönt, zusätzliche Komplimente für seine ohnehin schon hervorragenden Kochkünste einbrachten.

Und so wurde es fester Brauch, an heißen Nachmittagen auf der Ranch Krebse fangen zu gehen, und kein venezianisches *scampi risotto* schmeckte köstlicher als die Laikipia-Krebse, deren Zubereitung wir immer mehr perfektionierten, mit sehr viel frischem Pfeffer und Petersilie und einem Schuß Brandy als I-Tüpfelchen.

Aber sie waren nicht nur in kulinarischer Hinsicht eine Erfüllung.

Ihr Aroma und ihr Aussehen lösten in mir augenblicklich Erinnerungen an längst vergangene glückliche Zeiten aus. Denn beim Anblick von Krebsen auf meinem Tisch muß ich sofort wehmütig an meine Kindheit denken, an das kleine Mädchen mit Zöpfen und neugierigen Augen, das ich einst war und das an der Hand seines Vater begierig zu aufregenden Abenteuern aufbrach, und an den unvergeßlichen Sommer der Krebse. An den Sommer, den ich als den ersten mit meinem Vater in Erinnerung habe.

Wir lebten auf dem Lande, im Veneto, in einem Dorf namens Crespano del Grappa, am Fuße der Berge, deren

Hänge mit Pinien, Kastanien und *cornioli*¹ bestanden waren. Dort hatte mein Großvater eine Seidenfabrik, und mein junger Vater, der gerade aus dem Zweiten Weltkrieg zurückgekehrt war – wo er einige Orden bekommen, aber die meisten seiner Freunde und seine Träume verloren hatte, allerdings nicht seinen Forschungsdrang und seine Entdeckerfreude –, arbeitete dort als Arzt im Krankenhaus.

Ich war ein wißbegieriges Kind, voller Fragen, und diese Kindheit auf dem Lande mit unbegrenzt freier Natur, einem großen herrlichen Garten, einem Wald, einem Obstgarten, Weinberg und Stallungen sollte mein Leben für immer prägen. Denn immer sehnte ich mich nach dem Leben unter freiem Himmel, der Welt der Phantasie, der lebendigen Dinge, der Blätter und Knospen, der versteckten Nester mit Eiern, der sprießenden Samen, des Duftes von Gras und Beeren und wilden scheuen Tieren.

Ich war nie ein Stadtkind, fühlte mich nie wohl im Lärm und im grellen Licht der modernen Großstadt. Auf den überfüllten Bürgersteigen, wo fremde Menschen entlanghetzen, in den Aufzügen, die rasch schwindelerregende Höhen erklimmen, in den marmornen Einkaufszentren mit ihren Springbrunnen war ich verwirrt und fühlte mich fehl am Platz. Als ich in späteren Jahren die Hauptstädte der Welt bereiste, um mich für das Lebenswerk einzusetzen, das meine Bestimmung ist, suchte ich stets nach einem Fenster, das ich öffnen konnte, um den Him-

---

1 Ital. Holzapfelbaum

mel zu sehen, nach einem Ort, wo ich barfuß gehen konnte, nach Dingen, die lebendig und still neben dem von Menschenhand geschaffenen, unechten Plunder wuchsen, der mich erstickte. All das verdanke ich meiner Kindheit.

In mir steckt noch immer wach und helle ein kleines Mädchen, das sich aufmachen will, das Unerforschte zu suchen, das den Duft von gemähtem Gras und Lagerfeuern liebt, von Wasserläufen und Bergbächen; den Duft des Meeres bei Ebbe, von Gänseblümchen in der Sonne und Alpenveilchen in wunderschönen Büscheln, die es im weichen Waldboden zu entdecken gilt.

Ich begleitete meine Mutter oft, wenn sie zu einer Bauersfrau namens Ines ging, die außerhalb des Dorfes wohnte und unglaublich geschickt nähen konnte. Meine Mutter ließ sich von ihr Kleider machen.

Ines arbeitete in der Küche, die mit ihrer hohen Decke der größte und gemütlichste Raum im Hause war. Dort war es im Sommer kühl, denn von der mit Wein umrankten Pergola vor dem Haus wehte eine Brise hinüber zu dem hinter dem Haus gelegenen schattigen Gemüsegarten, und behaglich im Winter, wenn auf dem Herd stets allerlei Töpfe standen, in denen ständig irgendeine appetitlich duftende *salsa* oder herzhafte Suppe vor sich hin köchelte.

Die Folge war, daß die frischgenähte Wintergarderobe meiner Mutter zu ihrem Ärger immer nach *minestrone* zu riechen schien. Wenn das Wetter es zuließ, mußten ihre Sachen tagelang draußen ausgelüftet und mit Lavendel und ihrem Lieblingsparfüm »Fleurs de Rocaille«, einem festlichen Duft, den ich exotisch, berauschend und unwiderstehlich fand, eingesprüht werden, bevor sie sie tragen konnte.

Ich interessierte mich für dieses fremde, andersartige Haus und erforschte es mit großer Neugier.

Über eine Seite des großen Holztisches waren eine graue Decke und ein sauberes weißes Laken ausgebreitet: Darauf schnitt Ines aus alten Zeitungen die Muster aus und nähte dann an einer alten Singer-Nähmaschine.

Auf dem Kaminsims von Ines' Küche standen Sepiafotos von alten Hochzeiten; die Bräutigame sahen alle gleich aus: dichte Schnurrbärte und schlechtsitzende schwarze Röcke, beengende, gestärkte Krägen und Fliegen, abstehende Ohren; das einzige, was sie voneinander unterschied, waren der Mittel- oder Seitenscheitel des pomadigen Haars. Sie standen steif da, eine Hand auf einer dorischen Säule aus Pappmaché oder auf der Rückenlehne eines reichverzierten Stuhls, auf dem die Bräute saßen. Auch sie sahen alle gleich aus: Pausbackig, schwarzäugig, in Korsetts eingeschnürt, die ihre blühende Gesundheit nicht verbergen konnten, blickten sie gleichmütig mit desinteressierter Schüchternheit in die Kamera.

Des weiteren standen dort ovale Porträts von längst verstorbenen Großmüttern, vergilbte Fotos von Pius X., dem *Papa Sarto*, neben lebensechten Darstellungen des heiligen, blutigen Herzens Christi, mit einer aus der Mitte hervorzüngelnden Flamme; ein Kruzifix, hinter dem ein schrumpeliger Olivenzweig vom letzten Palmsonntag steckte; eine in rosa Spitze gekleidete Puppe, ein paar Nippsachen, alles Gewinne von der Dorfkirmes.

Ines war dünn für eine Italienerin ihres Alters, und sie hatte, da sie sich wenig in der Sonne aufhielt, eine bläßliche Gesichtsfarbe. Sie trug eine Schürze, die voller Nadeln steckte, und ihr dauergewelltes Haar war von grauen Strähnen durchsetzt.

Manchmal kamen Hühner durch die stets offene Tür hereinspaziert, über die glatten schwarzweißen Fliesen näherten sie sich zögernd in einem Sonnenstrahl mit tanzenden Mücken. Ruckartig einen Fuß nach dem anderen vorsetzend und bemüht, sich festzukrallen, schielten sie mit rotgeränderten Augen zu mir herüber.

Wenn die Nähsitzungen zu lange dauerten, durfte ich nach draußen und die sonnigen Felder erkunden, vorausgesetzt, ich blieb auf dem Grundstück. So kam es, daß ich mich eines Tages zu dem Bach wagte, der unterhalb des Hauses, inmitten einer kleinen Gruppe Maulbeerbäume, einen stillen Teich bildete. Ich blickte in das reglose dunkelgrüne Wasser und erspähte zu meiner Verblüffung, versteckt unter einem Stein neben meinem lachenden Spiegelbild, einen merkwürdigen Schatten, der mich an ein langes, seltsames Insekt erinnerte.

Es war die Zeit der Kindheit, in der alles neu und aufregend ist, die Zeit der deutlichen sinnlichen Eindrücke, der Gerüche, der neuen Orte und Tiere, des Geschmacks neuer Früchte.

Der Duft feuchter Erde und geheime Verstecke im Unterholz, Farne und Alpenveilchen; die mehlige Süße der ersten Röstkastanien, warm und leicht verbrannt; die überraschende Vielfalt der Gerüche von Kaninchen- oder Ziegenkot, von Hühner-, Gänse-, Schweine-, Pferde- oder Kuhstall; die feinen, köstlichen Unterschiede im Geschmack von gebratener Tauben- und Entenbrust, von frischen Himbeeren und Brombeeren, Johannisbeeren und kleinen Walderdbeeren, von milchigen frischen Haselnüssen und Walnüssen, von verschiedenen Traubensorten. Die Nuancen im Weiß von Jasmin, wilden Gardenien und Maiglöckchen.

Ich war glückselig, in einer sauberen Umwelt auf dem Land zu leben, wo es so vieles zu entdecken gab, und ich werde stets die überraschenden Erinnerungen an »erste Male«, an tausenderlei Kleinigkeiten, lebendig und frisch in mir tragen.

Der berauschende herbe *corniola*-Wein, von dem mich eine fröhliche Magd namens Lidia, eine Verwandte von Ines, heimlich kosten ließ, als sie mit uns auf einem Nachmittagsspaziergang einen Abstecher in das Bauernhaus ihrer Eltern machte, eine wunderbare Abwechslung, um die ich sie immer wieder bat. Für mich eröffnete sich ein ungebundenes neues Universum, von dem meine Eltern nichts wußten, in all seiner Herrlichkeit. Ich half bei der Weinlese, pflückte mit meinen kleinen Händen die schweren, von Grünspan überzogenen Trauben, sonnenwarm, und tat sie in einen breiten aus Ried geflochtenen Korb; gebannt sah ich zu, wie der Traubensaft purpurn an späten Septembernachmittagen zwischen den Zehen stampfender Füße hervorspritzte; ich half beim Melken, im dunklen Stall sitzend, den beißenden Geruch von Kuhmist in der Nase; mit Lidias Brüdern kletterte ich auf Heustapel, roch frisch gemähtes Gras, Luzernen und Wiesenblumen. Rittlings auf einem Ast im Kirschbaum sitzend, zwischen den Blättern verborgen wie ein Vogel, aß ich Kirschen, bis ich fast platzte; wie die anderen Kinder behielt ich die Kerne in der Wange und spuckte sie alle gleichzeitig in einer Salve aus, um meine Spielkameraden zu treffen, und prustete dabei vor Lachen.

Kleine Dinge waren Schätze, Geheimnisse, Objekte der Neugier und Erforschung: eine tote Wasserratte in einem Moosloch, mit steifen Barthaaren und bleckenden gelben Zähnen, eine Eidechse, die neben einem Büschel Vergißmeinnicht in der Sonne verweste; ein ehrfurchtsvoller Schluck von der heiligen Quelle auf einer schattigen Lichtung unterhalb des Hügels Covolo. Dort – so erzählte Lidia – war die Jungfrau Maria einem verirrten, durstigen, frommen Hirtenkind erschienen; sie steckte drei ihrer heiligen brennenden Finger in den Felsen, so daß drei Löcher entstanden, aus denen augenblicklich frisches, sauberes Wasser sprudelte. Die Quelle *Tre-Busi*[2], eine Art kleines Lourdes, war eine Kultstätte geworden, daran erinnerte oben auf dem Hügel ein Kloster, das Ziel vieler unserer Nachmittagsspaziergänge. Wir gelangten über einen steilen, staubigen weißen Kiesweg dorthin, der in regelmäßigen Abständen von *capitelli*[3] gesäumt wurde,

---

2 »Drei Löcher«, im venezianischen Dialekt
3 Gräber

in denen sich Votivgaben wie Blumen und silberne Herzen befanden und die Geschichte in naiven Öldruckfresken erzählt wurde.

> »*Oh donna donna*
> *Donna lombarda*
> *Vieni stasera a ballare con me.*
> *E io si*
> *Che vegnaria*
> *Ma ho il marito e non e non posso venir* ...«[4]

Auf dem Rückweg sangen wir alte Balladen über Liebe und Untreue, über verteidigte Ehre und Leidenschaft und Tränen, und auf halbem Wege aßen wir im Schatten einer Kastanie im Gras unser *merenda*[5] mit Käse und tranken Himbeersirup dazu. Von dort hatte man einen Blick ins Tal, und ich versuchte immer, das Haus meines Großvaters zu entdecken, das in einem grünen Hain aus Libanonzedern verborgen stand, neben der *filanda*[6], die wegen ihres runden, hohen qualmenden Schornsteins aus alten Ziegeln stets leicht auszumachen war.

In dieser Idylle, in der die Wonnen der ländlichen Natur miteinander wetteiferten, war die Entdeckung des wunderlichen, seltsamen Fisches betörend.

---

4 O du Frau aus der Lombardei / komm heute nacht und tanze mit mir / O ja, o ja, ich würde mit dir kommen / aber ich bin verheiratet und kann nicht gehen ...
5 Vesperbrot
6 Spinnerei

Am Abend konnte ich der Versuchung nicht widerstehen, meinem Vater davon zu erzählen, und ich beschrieb ihm das geheimnisvolle Wesen, das ich gesehen zu haben meinte, in allen Einzelheiten. Mein Vater lauschte mit der Aufmerksamkeit, die er all meinen Geschichten schenkte, und er verstand; und so begann der zauberhafte, glückliche, heitere Sommer der Krebse.

Mein Vater fand stets, ob per Zufall oder durch Glück und mit der ihm eigenen frischen Begeisterung und Hingabe, die ihm ewige Jugend bescherte und ihn zu einer unerschöpflichen Quelle der Inspiration machte, besondere Leckerbissen in der Natur, Gourmetköstlichkeiten, die dem Naturfreund vorbehalten sind, dem unermüdlichen Wanderer, dem Frühaufsteher, dem Bergsteiger, also all jenen, die dies in gewisser Weise verdient haben. Er erzählte uns, wie er auf der Flucht vor feindlichem Beschuß Himbeeren pflückte, wie er an gefährlichen Ufern, die für Faule unerreichbar waren, *porcini*[7] fand. Und die Entdeckung der Krebse in jenen Mittsommertagen versetzte ihn in Aufregung und Vorfreude auf den Festschmaus.

»Das müssen Flußkrebse sein, die sind in unseren Gewässern selten und einfach köstlich. Wir gehen morgen abend zusammen fischen, schließlich hast du sie entdeckt, und du mußt mir zeigen, wo.« Mein Vater wußte, wie er mein übereifriges kleines Herz vor Stolz zum Überlaufen bringen konnte. Ich muß etwa fünf Jahre alt gewesen sein,

---

[7] Steinpilze

und normalerweise durfte ich nach Einbruch der Dunkelheit nicht mehr nach draußen: Die Ausnahme verlieh meinem Tag eine unerträgliche Spannung.

Wir machten uns am Abend wie Verschwörer auf den Weg, nahmen Sandwiches als Verpflegung und Krebsköder mit, kleine Stückchen Fleisch und alte Salami, sowie Taschenlampen und Decken. Ich brachte meinen Vater zu dem Teich inmitten der Bäume. Wir suchten im Schein der Taschenlampen das Wasser ab. Mein Herz pochte wie wild: Und wenn ich mir alles nur eingebildet hatte? Auf dem Kiesgrund, zwischen Steinen und Brunnenkresse, kämpften lautlos zwei graue, scherenbewehrte Formen.

»Gut gemacht!« sagte mein Vater, mein Held, anerkennend, und mein unbändiger Stolz brachte die Nacht förmlich zum Glühen.

Die unbesonnenen Schalentiere, die vom Geruch des Fleisches, das sich in dem Wasser auflöste, und vom Licht der Taschenlampe angelockt wurden, waren rasch gefangen und in einem Zinneimer verstaut. Ich hielt die Taschenlampe, nahm den Eimer, und mein Vater zeigte mir, wie man die Krebse packte, direkt unterhalb der Scheren, damit sie nicht beißen konnten. Schlammbespritzt, naß und zitternd, schlief ich auf dem Rückweg erschöpft in meiner Decke ein.

Die Krebse waren ziemlich scheu; wir konnten immer nur ein paar fangen, nicht genug für eine Mahlzeit. Wir beschlossen, zu Hause einen Vorrat anzulegen, in einem der Tanks hinter der Seidenfabrik, einer tiefen alten Zementwanne, und es war ein aufregender Anblick, wenn die gespenstischen Gestalten in der moosgrünen Tiefe verschwanden.

Wir gingen fast jeden Abend zum Teich, und mein Vater zeigte mir die weit entfernten Sterne und brachte mir ihre Namen bei, wir sangen zusammen die Partisanenlieder des letzten Krieges, und ich fühlte mich wie beschwingt. Das abenteuerliche Gefühl, die neue Unabhängigkeit, die Klänge der Nacht, all das regte meine Phantasie an, und das Erlebnis war wie ein Traum, wie ein Sommermärchen.

Im Laufe der Wochen wurden die Wassertiere im Tank der Seidenfabrik immer zahlreicher.

Schließlich war es September, die Zeit der Ernte und der Rückkehr in die Stadt, wo ich zum ersten Mal zur Schule gehen würde, war gekommen und damit der Abend, an dem das große Festessen stattfinden sollte.

Zu meiner Überraschung erlaubte mir mein Vater, die Krebse allein aus dem Tank zu fischen. Das war ungefährlich und geschah mit einem Netz.

Er tauchte erst wieder zur Essenszeit auf, als bereits ein köstlicher Duft nach Weißwein und Olivenöl, Kräutern und Knoblauch das Haus erfüllte.

Mir behagte der Gedanke nicht, das zu essen, was ich inzwischen so gut kennengelernt hatte, doch als die Krebse auf Silbertellern serviert wurden, mit Zitronenscheiben und Petersilie garniert, sah ich verdutzt, daß meine alten grauen Freunde sich in rote, glänzende Juwelen verwandelt hatten. Ihre Verwandlung nahm mir meine Schuldgefühle. Sie sahen nicht mehr wie die wundersamen, kleinen Ungeheuer aus, die ich in dem stillen Gewässer kämpfen gesehen hatte, und so tat ich es den anderen gleich und langte kräftig zu. Von dem Geschmack habe ich nur noch in Erinnerung, daß er überraschend köstlich war, das Beste, was ich je gegessen hatte.

Niemand wußte, daß ich am Nachmittag heimlich aus den vollen Eimern zwei Pärchen stibitzt und sie wieder in den Tank gesetzt hatte, wo sie schon den ganzen Monat so gut überstanden hatten. Mittlerweile füllen vielleicht Hunderte von Krebsen die Tanks und Teiche jenes vergessenen Gartens.

An dem Abend, im Schein der Lampe, die seltsame Muster auf das weiße Leinentischtuch mit dem Monogramm meiner Großmutter warf, blickte ich über den Tisch hinweg meinen Vater an, der nachdenklich an einer Krebsschere lutschte, und wußte, daß er das Abenteuer schon jetzt vermißte und meine heimliche Tat gutgeheißen hätte.

Und wieder einmal erkannte ich in seinen grünen, kurzsichtigen Augen mich selbst.

Die Möwen

Für Livio

Aber die Möwe Jonathan ... war kein gewöhnlicher Vogel ...
er wollte fliegen, liebte es mehr als alles andere
auf der Welt.

RICHARD BACH, *Die Möwe Jonathan*

Es war während eines meiner seltenen Besuche in Italien vor einigen Jahren, daß ich wieder einmal, nach einem köstlichen Mittagessen mit Fisch und gekühltem Wein im *valle*[1] bei einer Freundin, auf der Rückfahrt mit dem Auto die Piazza von Jesolo überquerte, die mir mehr als zwanzig Jahre früher, bevor ich nach Afrika zog und dieses Kapitel meines Lebens für immer schloß, so vertraut gewesen war.

Graue Stille lag in dem frühen Aprilnachmittag, eine vertraute Feuchtigkeit. Durch das geöffnete Autofenster drang der Geruch von Süßwassertang und brachte Erinnerungen und plötzliche Wehmut mit sich.

Spontan wandte ich mich meiner Freundin Marisa zu,

---

1 Landschaftliches Merkmal in der Lagune von Venedig

die mich auf so vielen Expeditionen und Reisen in Europa begleitet hat. »Sollen wir nach Cavallino fahren? Da war ich schon seit 1972 nicht mehr. Es liegt nur ein paar Kilometer von hier.«

Sie wandte mir das von rotem Haar umrahmte Gesicht zu, und in ihren goldgesprenkelten Augen blitzte das Lächeln auf, das ihr den Spitznamen »Fuchs« eingebracht hatte. »Von mir aus. Meinst du, du kommst damit klar? Es wird sich verändert haben. Vielleicht ist gar niemand da.« Sie war in der Vergangenheit oft bei uns zu Besuch gewesen.

»Versuchen wir's. Wer weiß, wann ich mal wieder hier bin, vielleicht ja nie.«

In stummem Einverständnis steuerte sie ihren silbergrauen Mercedes nach rechts, und gleich darauf überquerten wir die kleine Brücke, rollten auf den weißen Kies der unbefestigten Straße auf dem Kanaldamm und fuhren unserem Ziel entgegen.

Die Hänge waren mit frischem hohen Gras bewachsen, in dem bereits ein paar Primeln sprossen, und am Ufer des Wassers standen cremefarbene Zantedeschien.

Ich erkannte jede Kurve des Weges wieder, die schmalen, aus dem neunzehnten Jahrhundert stammenden roten Backsteinhäuser der Bauern auf beiden Seiten des Kanals, kleine, gepflügte Gemüsebeete, eine Weinrebe, die sich an der Fassade entlang in eine Pergola hineinrankte, Spargelfelder, eine Reihe Pfirsichbäume. Irgendwie kam mir alles kleiner vor, und die Strecke war kürzer, als ich sie in Erinnerung hatte.

Die Straße machte eine scharfe Biegung nach rechts, öffnete den Blick aufs Meer, in der Ferne war die Insel Burano zu erkennen, und plötzlich war da ein Hof, ein geschmackvoller Backsteinbau, bewachsen mit grünen Kletterpflanzen, der sich im friedlichen Wasser der Lagune spiegelte, vertraute Außengebäude, wir waren am Ziel.

Unser Wagen rutschte auf dem Kies und kam zum Stehen. In der Einfahrt war kein anderes Auto geparkt, und die dunkelgrünen Fensterläden waren geschlossen. Es sah aus, als wäre niemand zu Hause. Nach kurzem Zögern öffnete ich meine Tür.

Das gedämpfte Geräusch von Stimmen und von Kisten, die über einen Zementboden gezogen werden, drang aus einem niedrigen Gebäude auf der rechten Seite. Unterhalb davon stand ein Bootshaus, das direkt an dem dunklen Wasser errichtet worden war. Optisch eingerahmt durch dessen Veranda konnte ich in der Ferne ein paar weiße Silberreiher zwischen den Binsen auf einer *barena*[2] stehen sehen, die genauso kahl und wild aussah wie eh und je. Zwei große Möwen flogen langsam darüber hinweg, und während ich sie mit den Augen verfolgte, merkte ich, daß jemand aus der *cavana*[3] hinausschaute. Ich wandte mich ihm zu.

Es gab keinen Grund, warum er mich nach zweiundzwanzig Jahren hätte wiedererkennen sollen, zumal ich

2 Sandbank
3 Venezianischer Begriff für Bootshaus

völlig unerwartet, wie aus dem Nichts aufgetaucht war, ich aber hätte sein Gesicht überall erkannt.

Er trug hohe Gummistiefel und eine Wachstuchwindjacke über einem Seemannspullover, wie beim letzten Mal, als ich ihn gesehen hatte. Die Wollmütze war tief ins Gesicht gezogen, und die freundlichen schwarzen Augen leuchteten zwischen den Falten auf, die sich im Laufe der vielen Jahre gebildet hatten, in denen er angestrengt blinzelnd seine schaukelnden Boote durch Herbstnebel steuerte und in seichten Gewässern nach Seebarschlaich Ausschau hielt. Sein Gesicht war dunkel wie Kupfer gebrannt, obwohl er es mit schwieligen Händen geschützt hatte, während er in zahllosen Sommern den Himmel nach den ersten Enten absuchte, die aus dem Norden zurückkehrten.

Er brauchte nur einen Augenblick, und schon hob er überrascht die Arme zur Begrüßung, seine Hand nahm die Mütze vom Kopf, sein Mund öffnete sich zu einem breiten Grinsen, und ohne den Blick von meinem Gesicht zu nehmen, rief er im venezianischen Dialekt: »*Maria, Signor, Gesù, varda chi che ghe xe! La signora la xe tornada. La signora Kuki!*«[4] Wir gingen gleichzeitig aufeinander zu und hätten uns fast umarmt. Wir blieben stehen und hielten uns an den Händen.

»*Livio! Nol xe cambià. Come falo a recordarse de mi?*«[5] Ich

---

4 Maria, Herrgott, Jesus, sieh mal, wer da ist. Die Signora ist wieder da. Signora Kuki.
5 Livio. Du hast dich ja gar nicht verändert. Wie kommt es, daß du mich noch erkennst?

fiel automatisch in einen Dialekt, den ich seit Jahren nicht benutzt hatte. Ich war gerührt. Obwohl ich gehofft hatte, ihn zu sehen, hatte ich eigentlich nicht damit gerechnet.

Livio war Paolos Vorsteher im *valle* gewesen, der oberste Fischer, der oberste Jäger und der Wildhüter. Als Kind des *valle* kannte er dessen Geheimnisse und war ein unschätzbarer Mitarbeiter gewesen, auf den Paolo sich absolut verlassen konnte. Er war sachkundig, aufrichtig, sympathisch, liebte seinen Job und leistete hervorragende Arbeit. Mit den Jahren war er ein treuer Freund geworden.

Dann war Paolo nach Afrika gegangen und nicht mehr zurückgekommen. Nach seinem Tod hatte ich ein Telegramm erhalten: »Wir sprechen Ihnen und den Kindern unser tiefempfundenes Mitgefühl für den traurigen Tod von Dr. Paolo aus. Famiglia Dalla Mora.« Seitdem hatte ich nichts mehr von ihm gehört.

Dann erkannte er auch Marisa, die sich in all den Jahren kaum verändert hatte, und begrüßte sie ebenfalls.

Ich staunte mal wieder über das gute Gedächtnis von Menschen, die in entlegenen Gegenden wohnen. In Afrika passiert es ständig, daß man jemandem am Ende der Welt begegnet und augenblicklich wiedererkannt wird, als wäre in der Zwischenzeit nicht viel geschehen, was das Erinnerungsvermögen getrübt hätte.

Er bestand darauf, uns einen *caffè coretto*[6] anzubieten

---

6 Kaffee mit einem Schuß starkem Likör, wie er im Winter traditionell im Veneto getrunken wird

und uns das Haus zu zeigen. Beklommen betrat ich wieder die Räume, die mir so vertraut gewesen waren, ging eine Treppe hinauf, die Paolos schnellen Schritt gespürt hatte, die Emanuele als kleiner Junge hinauf- und hinuntergerannt war.

Ich blickte aus den kleinen Fenstern des nun anders eingerichteten Eßzimmers, wo in vergangenen Tagen gelacht worden war und die Korken geknallt hatten, hinaus auf die unveränderte Weite des Wassers. Nur der hohe qualmende Schornstein war nicht angetastet worden.

Cavallino war das Haus von Paolo und seiner ersten Frau gewesen. Ich hatte es in den gut drei Jahren vor meinem Aufbruch nach Afrika, in denen ich häufig hier gewesen war, während ich noch bei meiner Mutter wohnte, nie richtig als mein Zuhause betrachtet. Doch ich hatte seinen Zauber gespürt, den Charme seiner alten Steine und schläfrigen Vergangenheit, die Schönheit der Lagune, ins silbrigweiße und korallenrote Licht der Septembersonnenuntergänge getaucht, den uralten Rhythmus von Traditionen, auf denen das Leben der Fischer im *valle* beruhte. Für Paolo war es tröstend gewesen, hier die Zeit zu überbrücken, bis er nach Kenia zurückkehrte, in das Land, in das er, wie er festgestellt hatte, gehörte.

Wir gingen von Zimmer zu Zimmer und tranken schließlich unseren Kaffee im dunklen Eßzimmer der Fischer, wo sich früher die Wildhüter und Fischereihelfer nach einem langen Morgen auf See oder nach einer aufregenden Jagd versammelt hatten, um ihre deftigen Mahlzeiten zu sich zu nehmen – Krabbensuppe und gegrillten

Aal mit *polenta* oder geröstete Kastanien – und mit sehr viel jungem Wein hinunterzuspülen.

Als wir nach draußen gingen, sah ich über uns eine einsame Möwe fliegen, und Livio folgte meinem Blick. »Wissen Sie noch«, sagte er lächelnd zu mir, »wie ich Ihnen die Möwenküken geschenkt habe?«

Und die Erinnerungen kamen auf lautlosen Flügeln zu mir zurück.

Eines späten Nachmittags, kurz vor Einbruch der Dunkelheit, das Sonnenlicht wirkte schon opal und die Lagune sah aus wie ein flüssiger Spiegel, kehrte Livio wieder einmal von seiner täglichen Schleusentour zurück und vertäute das Boot im Schuppen.

Unter der wollenen Baskenmütze lächelte das wettergegerbte Gesicht des Fischers, und zahllose fröhliche Falten durchfurchten seine roten Wangen. »Ich habe ein Geschenk für Sie«, sagte er im venezianischen Dialekt, »kommen Sie doch mal.«

Im Bootsrumpf, auf den mit Teer geschwärzten Planken, hockten neben einer Rolle Tau zwei bräunliche, noch flaumige Vögel, aus deren geöffneten Schnäbeln verzweifelte Hunger- und Angstschreie drangen.

»Das sind *magoghi*[7]«, sagte Livio stolz, »frisch geschlüpft. An ihrem Gefieder und im Nest klebten noch Schalenstücke.«

Vielleicht brachte ich es nicht fertig, ihm zu danken.

---

7 »Junge Möwen«, im venezianischen Dialekt

Ich war verwirrt und hatte Schuldgefühle, daß meine allseits bekannte Tierliebe zu dieser unbewußten Grausamkeit geführt hatte.

Gleich schossen mir verschiedene Pläne durch den Kopf, wie die beiden bedauernswerten Neugeborenen wieder ins Marschland gebracht werden könnten, zurück in das schöne, ihnen bestimmte Leben, dessen man sie beraubt hatte; aber die Sonne ging bereits unter und löste sich im Wasser in roten und perlmuttfarbenen Spiegelungen auf. Mir blieb also nichts anderes übrig, als mich mit dem Gedanken vertraut zu machen, daß ich mich um sie kümmern mußte.

Zur damaligen Zeit trug ich lange Röcke in leuchtenden Farben. Zum einen weil sie meine Beine fast so gut vor der Feuchtigkeit schützten wie Hosen, die ich damals nicht tragen konnte, weil sie über die noch frischen Operationsnarben am Oberschenkel scheuerten, den ich mir bei einem Verkehrsunfall gebrochen hatte. Zum anderen weil ich fand, daß sie zu dem neuentdeckten Frieden, den idyllischen Freuden und der Schlichtheit des Landlebens im venezianischen *valle* mit seinen uralten Lebensrhythmen paßten.

Ich raffte den Saum meines Rockes wie zu einem Nest zusammen und setzte die Vögel behutsam hinein. Mit ihren großen, weit aufgerissenen Schlünden und den spitzen rosa Zungen, mit den gierigen, kreisrunden rotgeränderten Augen und dem unbeholfenen Kreischen waren sie noch weit von der majestätischen Anmut der ausgewachsenen Möwen entfernt, die sie eines Tages werden sollten.

Nicht sehr originell zwar, aber ich mußte sofort an die Geschichte vom häßlichen Entlein denken, die wie viele Geschichten aus dem 19. Jahrhundert vom Geist der Rache der Kleinen und Demütigen an den Reichen und Schönen kündet. Aschenputtel, Schneewittchen und ganze Armeen von Däumlings fanden in dem von Andersen aufgewerteten häßlichen Schwanenküken ihr tierisches Pendant. Ich fühlte mich also wie die gute Fee, als ich mich meiner Schützlinge annahm.

Zunächst einmal suchte ich nach einem passenden Behälter und fand einen alten Puppenwagen aus grünem Plastik, der mir ideal erschien und den ich mit Holzspänen und sauberen Lappen auslegte.

Emanuele fing rasch am Strand mit seinem Krabbennetz einige kleine Fische.

Während ich ihre Krippe herrichtete, behielt ich die kleinen Möwen in meinen Rockfalten; ich konnte dabei nur eine Hand benutzen und bemerkte nicht, daß das Piepsen in der warmen Dunkelheit meines Rockes schwächer geworden war. Als ich versuchen wollte, sie in den Puppenwagen zu legen, schliefen sie. Ich betrachtete diese weichen, winzigen Bälle aus Federn wie kleine Ohrenwärmer. Das eine hatte den Kopf unter den Flügel des anderen gesteckt.

Als sie Stunden später vor Hunger wach wurden, war ich ganz verspannt.

Sie kreischten empört, und ich beruhigte sie, indem ich ihnen die Fische, die Emanuele mir reichte, in den Schlund zwang. Sie verschlangen sie gierig, mit der ihnen angeborenen instinktiven Leichtigkeit, und pickten dabei gefräßig an meinen Fingern. Wahrscheinlich war es ihre erste Mahlzeit überhaupt, und es war eine aufregende Erkenntnis, daß sie mich so ohne weiteres akzeptierten. Als die Fische alle gegessen waren, deckte ich den Puppenwagen mit einem Tuch ab, und sie schliefen in der Dunkelheit weiter.

Am Abend las ich alles, was ich in Paolos umfangreicher Bibliothek über Wasservögel finden konnte. Und so erfuhr ich von einem sonderbaren Experiment, das mit frisch geschlüpften Enten durchgeführt worden war.

Kurz vor dem Schlüpfen hatte man einige Eier aus dem Nest genommen und in einen Brutkasten gelegt, ein Ersatznest, in dem sich statt der Mutter nur ein rechteckiger Karton befand. An diesem Karton hatte man einen Faden befestigt, so daß man ihn ziehen konnte.

Die Entchen waren gleich nach dem Schlüpfen zu dem Karton hinübergewatschelt, hatten sich darunter gekuschelt und waren mitgegangen, wenn an dem Faden gezogen wurde.

In diesem Stadium wurden die Entchen wieder in ihr richtiges Nest gebracht, wo inzwischen die anderen geschlüpft waren, um die Mutter herumsaßen und ihr überallhin folgten. Die Entchen des Experiments jedoch gingen nicht mit. Sie kauerten verwirrt in einer Ecke, und nur wenn der Karton neben sie gestellt wurde, liefen sie fröhlich piepsend auf ihn zu. Damit schien die These bestätigt, daß Vögel in dem ersten sich bewegenden Objekt, das sie nach dem Schlüpfen sehen, ihre Mutter erkennen.

Als ich meine Küken zum erstenmal auf den Boden setzte und ein paar Schritte wegging, liefen sie mit durchdringenden Schreien hinter mir her und beruhigten sich erst, als sie unter meinem Rock Zuflucht gefunden hatten.

Ich wiederholte das Experiment mehrmals, mit klopfendem Herzen, und das Ergebnis war immer das gleiche. Sie folgten niemandem sonst, im Gegenteil, sie fürchteten sich vor anderen, und wenn ich auftauchte, veränderte sich der Klang ihrer Stimmen, als hätten sie mich eindeutig erkannt. Mir wurde klar, daß sich das Experiment mit den Enten in abgewandelter Form bei meinen armseligen kleinen Möwen wiederholte: Sie hatten mich zu ihrer Ersatzmutter erkoren.

Die Seemöwe ist eine der edelsten Vogelarten, mit unübertroffenen Flugkünsten, und zwei Küken dieser himmlischen Tänzer hatten mich zu ihrer Mutter erwählt. Das erfüllte mich mit Demut, und die Verantwortung jagte mir große Angst ein. In meiner Rolle als Möwenmutter kam ich mir unbeholfen und unzulänglich vor.

Ich hielt es für wichtig, diese Aufgabe zumindest teilweise zu erfüllen, indem ich den Versuch unternahm, ihnen Schwimmen beizubringen.

Es war Mai. Die Tage wurden länger, und die Sonne wärmte das kühle Wasser des *colauro*[8], wo gefangene Seebarsche fetter wurden und auf den Herbst warteten und schlammfarbene Aale sich über den grasigen Grund schlängelten.

---

8 Venezianischer Dialekt: Der Teil des Kanals, der das *valle* mit der Lagune verbindet

Am nächsten Tag setzte ich die Möwen sachte auf die Grasböschung des Kanals, zwischen Schilf und ausgebleichte Krabbenbeine, die in der Sonne trockneten. Zögernd ging ich in das ölige, kühle Wasser und spürte unter den Zehen, wie sich im Schlamm etwas Schleimiges bewegte, wenn ich eine Scholle oder einen Aal aufschreckte.

Die Möwen erreichten den Rand des Wassers, das sie noch nicht kannten, blieben unsicher stehen und trippelten dann kreischend mit gespreizten Füßen im Schlamm hin und her.

Ich ging weiter, ahmte ihre Stimmen nach, wie eine Bäuerin, die ihre Hühner ruft, was auf einen unvorbereiteten Beobachter komisch gewirkt hätte. Aber es war nur Emanuele bei mir – Tierkenner und -freund und meine treue Stütze –, der vom Ufer aus zuschaute und sich vor Anspannung in die Finger biß. Er war erst vier Jahre alt, und für ihn mußte das Ganze ein ungemein aufregendes Abenteuer sein.

Schrittchen für Schrittchen, unablässig kreischend, folgten mir die Möwen vorsichtig. Mit zunehmendem Selbstvertrauen schwammen sie schließlich auf mich zu, einen anrührend winzigen Strudel hinter sich herziehend, wie zarte Papierboote, die leicht schräg in der Strömung treiben. Vom Ufer aus lachte Emanuele erleichtert und klatschte.

Die *magoghi*, die sich nun in ihrem Element sicher fühlten, schwammen mit instinktiver geschmeidiger Eleganz, die ihre anfänglichen unbeholfenen Schritte nicht hatten erahnen lassen, und ganz steif vor lauter neuem Selbstvertrauen um meinen Kopf herum. Ihre kleinen Augen mit den grauen Lidern ohne Wimpern befanden sich erstmals auf einer Höhe mit meinen Augen.

Nach diesem ersten Versuch schwammen wir jeden Morgen zusammen, und ich fütterte sie mit den kleinen Fischen, die Emanuele täglich für sie fing. So vergingen etwa zehn Tage.

Als der unvermeidliche Zeitpunkt kam, an dem wir uns zum erstenmal trennen mußten, war ich nervös und unsicher, wie eine richtige Mutter, die ihr kleines Kind in die Obhut eines fremden Menschen gibt. Ich hatte das ungute Gefühl, daß ihnen in meiner Abwesenheit irgend etwas zustoßen würde.

Es war der Hund, der in der Nacht nach meiner Abreise ins Badezimmer eindrang, wo ich ihnen ein vermeintlich sicheres und behagliches Quartier eingerichtet hatte, nachdem ich ihnen mehr als sonst zum Fressen gegeben hatte.

Der Schmerz, den ich empfand, war neu, ein Gefühl des Versagens, als hätte ich sie verraten, gegen das in der Tierwelt herrschende Gesetz verstoßen, daß man sich unablässig um seine Jungen zu kümmern hat.

Es war eine Lektion für mich; als ich später nach Afrika zog, ließ ich mir nie wieder ein in Freiheit lebendes Tier schenken, für das die Gefangenschaft Tod oder, noch schlimmer, Sklaverei bedeutet.

Und ich dachte mit neuem Verständnis an die große Möwe, wie sie unsere Schwimmversuche beobachtet hatte, ohnmächtig hoch über uns gesegelt war und vergeblich heisere Schreie ausgestoßen hatte.

Ich sah Livio an. Der Nachmittag neigte sich dem Ende zu, es wurde allmählich spät. Wie jeden Abend stieg grauer Nebel vom Wasser auf. Es war Zeit, sich zu verabschieden. »Die Möwen. Ja, natürlich. Schade, daß sie gestorben sind, aber vielleicht war es ja gut so. Sosehr ich sie auch geliebt habe, ich hätte ihnen niemals Fliegen beibringen können.«

Wir umarmten uns, versprachen, uns zu schreiben, in Verbindung zu bleiben. Ich wußte, ich würde vielleicht niemals wiederkommen.

Wir fuhren los. Als ich mich ein letztes Mal umschaute, verschwand das Haus samt seiner Vergangenheit allmählich im Nebel, still, verschwiegen und verborgen.

Livios Gestalt hob sich als Silhouette gegen den Himmel ab, eine Hand noch immer zum Abschiedsgruß erhoben.

Die Möwe war verschwunden.

Spinnentanz

Es war, als hätte ich in dieser entlegenen Gegend der Welt
den unheilvollen Hinweis erhalten, daß es gewisse Einflüsse
gibt, die außerhalb der greifbaren, irdischen Abläufe des
Lebens liegen.

LLEWELYN POWYS, *Black Laughter*

»Es ist etwas Tragisches geschehen. Es tut mir schrecklich leid.« Die Stimme klang ernst, seltsam stockend. Meine Hand schloß sich fester um den Telefonhörer.

Schweigen, das nichts Gutes verhieß.

»Es geht um Julius.«

Der rothaarige Mann nahm erneut einen Schluck, und seine ruhelosen, intelligenten Augen hinter der dicken Brille wurden trübe. Ich war froh, daß ich ihm einen starken Whisky eingegossen hatte: Er würde offensichtlich jeden Tropfen brauchen.

Im Kerzenschein im Wohnzimmer meines Hauses in Nairobi glänzte sein Gesicht vor Schweiß. Seine Augen waren rot gerändert, und die Hand, die das Glas hielt, zitterte leicht. Seine Stimme hatte einen leidenschaftlichen

Tonfall, die Nachdrücklichkeit eines Sonntagspredigers, die Strenge eines Dickensschen Lehrers in einer Jungenschule.

»Erzählen Sie«, forderte ich ihn auf. »Ich glaube, es wird Ihnen guttun, wenn Sie mir die Geschichte von Anfang an erzählen. Wie haben Sie Julius kennengelernt?«

Ein Lächeln erhellte sein sommersprossiges Gesicht. »Ich werde nie vergessen, wie ich ihn das erste Mal gesehen habe. Vor vielen Jahren, als ich gerade als Lehrer an der Amani-Jungenschule angefangen hatte. Ich bin mit einem Kollegen zu einem Kikuyu-Dorf gefahren, wo wir uns die Jungen ansehen wollten, die für ein Stipendium an unserer Schule in Frage kamen. Er fiel sofort auf. Er hatte eine Präsenz, die mir sofort ins Auge stach. Die Bauern, die ihm lauschten, hingen förmlich an seinen Lippen. Obwohl er doch noch so klein war, wirkte er irgendwie fern, unerreichbar. Ich mochte ihn vom ersten Augenblick an.«

Seine Augen wurden feucht. »Er war neun Jahre alt.«

Die frühe Nachmittagssonne erhellte die Kaffeefelder und die rote, nasse, von vielen Füßen zertrampelte Erde. Bananenbäume, in Gruppen gepflanzt, warfen ihren Schatten auf Reihen junger Maisschößlinge. Eine buntgemischte Herde aus Rindern, Ziegen und ein paar zottigen, verdreckten Schafen weidete im hohen Elefantengras, das grün und üppig an den Hängen des Kiambu wuchs. Graue Wolken zeichneten sich am Horizont ab und kündigten das tägliche Gewitter mit kurzen Regenschauern an. Ein melodiöser Klang wehte in Wellen von der Dorfkirche herüber, junge Stimmen, die mit viel Begeisterung ein Kirchenlied aus fernen Landen sangen.

Der Kirchenchor bestand ausschließlich aus Jungen, doch jetzt sang er vor einer Zuhörerschar, die sich aus den Männern, Frauen und Kindern des Dorfes zusammensetzte. Die Jungen trugen lange, leuchtendblaue Gewänder mit breitem weißem Kragen, der ihnen bis auf die Schultern reichte. Ihre Augen in den dunklen Gesichtern strahlten, erfüllt von einem seltsamen Staunen, und sie sangen mit der Beschwingtheit und Begeisterung von Unschuld und bedingungslosem Glauben. Ihre Gesichtszüge waren noch immer kindlich, nicht ganz ausgereift, glatt, und die Stimmen erklangen rein und hoch.

Er hob sich deutlich von den anderen ab. Er war nicht der größte, und seine harmonische Stimme war nicht die kräftigste. Vielleicht lag es an seiner Schönheit. Die klare Stirn, die geschwungenen, mädchenhaften Wimpern, die Art, wie er lächelte. Vielleicht lag es an seiner aufrechten Haltung, die Stolz und Selbstsicherheit ausstrahlte. Vielleicht war es das Gefühl, daß er unnahbar und schwer zu erobern war.

Nach dem Lied trat der Junge einige Schritte vor und trat auf das Rasenstück, von wo aus er auf das hölzerne Podium stieg. Seine Stimme war zart und kristallklar, doch sie wurde durch eine sonderbar eindringliche Autorität verstärkt. Er sprach mit religiöser Inbrunst ein spontanes Dankgebet, das über die üblichen Gebete weit hinausging.

53

Anthony blickte sich um, beobachtete die anderen Zuschauer. Alte Frauen, die grauen Häupter mit Tüchern bedeckt, in langen Röcken und selbstgestrickten Pullovern in leuchtenden Farben; junge Frauen, die unsichtbare schlafende Kinder, gut eingewickelt in grüne spitzenverzierte Tücher, auf dem Rücken trugen; alte Männer, junge Männer, ohne Kopfbedeckung, die meisten noch in ihrer formlosen Arbeitskleidung. Träge Nachmittagsinsekten schwirrten in der Sonne. Niemand rührte sich. Die Menge war wie gebannt, hingerissen vom Charme des Jungen. Anthony wartete im Halbschatten eines Avocadobaumes bis zum Schluß. Dann ging er zu ihm. »Würdest du gerne auf eine große Schule in Nairobi gehen, wo es einen tollen Chor gibt und Musik gefördert wird?«

Der Junge sah zu ihm hoch: große, feuchte Augen mit unglaublich langen seidenen Wimpern. Er lächelte, ebenmäßige Zähne blitzten blendend auf, wie große Macadamianüsse, eine Honigwabenwärme in den haselnußbraunen Augen, die irgend etwas in Anthonys Brust zu berühren und zu wärmen schien, und ihm wurde weich in den Knien.

»Ja.«

»Meinst du, dein Vater erlaubt es dir?«

»Ich habe keinen Vater. Er ist vor zwei Jahren gestorben.« Ein Schatten huschte über seine Augen wie ein Vorhang, der gleich wieder gelüftet wurde. »Er hat getrunken. Ich habe vier Brüder. Ich bin der Älteste.«

Anthony mußte schlucken. »Und deine Mutter?«

Der kleine Junge zuckte die Achseln. »Sie hat bestimmt

nichts dagegen. Sie hat viel Arbeit. Wir haben kein Geld, und sie arbeitet auf dem *shamba*. Sie hilft auch in der Kirche.« Sein Gesicht wurde hart, und die Augen verdunkelten sich. »Nach der Kirche geht sie zum *muganga*.«

»Ich könnte mich um dich kümmern. Ich bin Lehrer an der Schule. Wäre dir das recht?«

»Vielleicht«, sagte der Junge mit einem Erwachsenenlächeln. »Können Sie mir Bücher zum Lesen geben? Ich würde gern alles über Tiere und die Natur lernen. Ich selbst habe keine Bücher.«

Wieder blitzten die weißen, ebenmäßigen Zähne auf. »Ich heiße Julius.«

»Ich heiße Julius.« Das hübsche Gesicht lächelte mich an, und mir fielen die Augen auf, die es ganz zu beherrschen schienen.

»Ein gutaussehender junger Mann«, dachte ich. Er trug eine neue, saubere Jeans, ein blau-weiß gestreiftes Baumwollhemd. An seinem schlanken Handgelenk hatte er eine neue Plastikuhr in knalligen Farben. Ich sah auf seine Füße: gute Ledermokassins; um die Schultern hatte er einen blauen Pullover geschlungen. Seine Haut war gelbbraun, makellos. Kurzes, lockiges Haar und schlanke Hände mit sauberen, kurzgeschnittenen Fingernägeln. Über der Oberlippe der Hauch eines Schnurrbarts. Er war schlank, mit schmalen Hüften. Etwas verweichlicht? Er hatte eine Ausstrahlung, die einem nicht entgehen konnte.

»Es ist sehr nett von Ihnen, daß Sie mich zum Abendessen einladen«, sagte er bedächtig in gutem Englisch. Er blickte hoch zu meinem hohen *makuti*-Dach, ließ den Blick über die polierten Möbel, die glänzenden Kupfer- und Messingvasen gleiten. Wie jeden Abend flackerte eine Kerze vor dem Silberrahmen mit Emanueles Foto. Feiner, blauer Qualm stieg von den Räucherstäbchen auf. Meine acht Hunde schliefen in unterschiedlichen Posen zufrieden auf dem Teppich. Zwei Hausangestellte in gestärkten weißen Uniformen schmückten den Tisch mit roten Hibiskusblüten. Im großen offenen Kamin prasselte munter das Feuer.

Aufrichtiges Staunen lag in seinem Blick. »Ich war noch nie in so einem Haus.«

Einige Wochen zuvor hatte ich einen Brief von Anthony S. bekommen, seinem Lehrer und Förderer, mit der Anfrage, ob wir in unserem Forschungscamp einen seiner besten Schüler, den Schulsprecher von Amani, aufnehmen könnten; er müsse unmittelbare Erfahrungen im Schutz von wildlebenden Tieren sammeln, um einen Aufsatz zu schreiben, mit dem er sich um ein Stipendium an der Universität von Cambridge bewerben könne.

Die Amani-Schule war dafür bekannt, daß sie ein hohes Ausbildungsniveau hatte und hochbegabten Schülern aus äußerst armen Familien den Besuch einer Universität ermöglichte; sie war überdies dafür bekannt, daß sie den Schülern Disziplin und Verantwortungsgefühl beibrachte. Amani stellte alle anderen Schulen in Kenia in den Schatten; sie war einzigartig. Sie hatte weit über tausend Schüler. Wer es zum Schulsprecher brachte, mußte schon über eine ungewöhnliche Führungspersönlichkeit und Intelligenz verfügen. Aber dennoch war Cambridge noch immer so weit von Amani entfernt wie ein ferner Planet.

Meine Neugier war augenblicklich geweckt worden, und ich hatte den Jungen für etwa einen Monat eingeladen.

Als ich ihn jetzt betrachtete, hatte ich das Gefühl, daß ich ihn im Laufe der Jahre häufiger sehen würde und daß ich ihm dabei helfen wollte, seine ehrgeizigen Pläne zu verwirklichen. Ich spürte gleich, daß er irgend etwas Besonderes an sich hatte, obwohl ich es nicht benennen konnte.

»Wie ich höre, wollen Sie in Cambridge Geographie studieren. Ein wirklich ehrgeiziges Ziel.«

In seiner Stimme lag nicht das geringste Zaudern: »Ich habe großes Glück gehabt. Ich möchte meinem Land zurückgeben, was ich in all den Jahren bekommen habe. Cambridge. Ich bin sicher, daß es mir dort gefällt.«

Ich öffnete meine Hausbar. »Möchten Sie ein Glas Wein?«

Nur einen Moment lang sah er verwirrt aus, dann grinste er. »Ich hätte lieber eine Cola, wenn es Ihnen recht ist. Ich bin es nicht gewohnt, Wein zu trinken.«

»Wir können Julius nicht finden.« Anthonys Stimme klang angespannt und erstickt durchs Telefon. »Er ist verschwunden. Weg. Ich kann ihn nirgends auftreiben. Er soll in zwei Tagen nach Cambridge abreisen. Ich hatte gehofft, Sie hätten vielleicht etwas von ihm gehört.«

Seine eindringliche Predigerstimme klang plötzlich weinerlich. »Was sollen wir tun?«

Ich antwortete mit der Gelassenheit, die sich stets bei mir einstellt, wenn andere um mich herum die Fassung verlieren: »Immer mit der Ruhe. Er ist doch praktisch erwachsen. Wieso sollte er sich immer abmelden, wenn er irgendwohin will? In England muß er schließlich auch allein klarkommen. Ich bin sicher, es gibt eine ganz harmlose Erklärung. Oder haben Sie Anlaß für irgendwelche Befürchtungen? Vielleicht will er sich nur von seinen Freunden verabschieden.«

»Genau das befürchte ich ja«, flüsterte Anthony.

Das Motorengeräusch eines Wagens, dann das aufeinanderfolgende Schlagen zweier Türen. Schritte auf der Treppe vor meiner Haustür. Ein Klopfen. Ich ging, um zu öffnen.

Julius stand verloren vor mir, eine niedergeschlagene, jämmerliche Gestalt, den Kopf gebeugt, der Kragen seiner Windjacke am dünnen Hals weit offen. Die Veränderung bei diesem selbstsicheren, strahlenden Jungen, der mir stets direkt in die Augen geschaut hatte, entsetzte mich. »Julius. Ist alles in Ordnung?« Keine Antwort. »Julius, um Gottes willen. Na los, komm rein. Erzähl mir, was passiert ist. Es wird schon nicht so schlimm sein.«

Eine Bewegung hinter Julius, die Blätter des Gardenienbusches schwankten. Aus dem Schatten tauchte eine andere Gestalt auf. Die plötzliche Bewegung überrumpelte mich. Ich hielt den Atem an.

»Rein mit dir«, sagte Anthony, als spräche er mit einem widerspenstigen kleinen Jungen, der einen Wutanfall bekommen hatte. Ich bemerkte, daß seine Augen weit aufgerissen waren. Er schubste ihn ins Haus. »Du mußt Kuki beichten, was passiert ist.«

Er saß in dem weichen Licht auf meinem Sofa wie ein Angeklagter, der ein Verbrechen gestehen will. Die Absurdität der Situation verunsicherte mich.

»Was ist los?« drängte ich sanft. »Du *mußt* mir gar nichts erzählen. Es ist dein Leben. Ich weiß, du bist ein guter Junge. Kann ich dir irgendwie helfen?«

»Erzähl schon«, forderte Anthony ihn auf. Ich machte mich auf das Schlimmste gefaßt, und doch konnte ich mir nicht vorstellen, daß der Junge etwas so Schlimmes getan hatte, daß dieses Gebaren gerechtfertigt war.

»Vor ein paar Jahren habe ich ein Mädchen kennengelernt«, murmelte Julius mit schwacher, matter Stimme. »Sie war aus meinem Heimatdorf. Ich kannte sie schon mein Leben lang.«

»Und?« Erleichterung überkam mich, als ob die Klippe, auf der ich balancierte, doch nicht so steil war, nicht so gefährlich, wie ich befürchtet hatte.

»Du mußt es ihr sagen. Beichte, was du getan hast.« Anthonys Stimme klang lächerlich ernst.

»Ich habe einen Sohn. Er ist drei Jahre alt.«

Tiefe Erleichterung breitete sich in mir aus. »Ist das alles?«

Julius blickte auf, und in seinen feuchten Augen lag etwas Flehendes. Doch zu meiner Bestürzung las ich auch unglaubliches Entsetzen darin, wie bei einem gehetzten Tier, das blind durch die Nacht flieht.

»Ich habe das hier bekommen.«

Er hielt mir ein zerknülltes Blatt Papier hin, das langsam in seiner offenen Hand erblühte, sich entfaltete wie eine zertretene Blume. Worte krochen darüber, hingekritzelt in großen, krakeligen Buchstaben, sonderbar abstoßend wie ein Spinnentanz.

»Ich kann Kikuyu nicht lesen.«

»Es ist eine Drohung.« Seine Stimme erstarb schluchzend. »Sie haben mich mit einem Fluch belegt. Sie wollen nicht, daß ich weggehe. Wenn ich es tue, werde ich sterben.«

Eine Kühle wehte durch mein westeuropäisches Wohnzimmer, häßlich, mit höhnisch grinsenden Masken und unaussprechlichen Ritualen, geschlachteten schwarzen Ziegen, verdreckten Federn, mit Eingeweiden beschmiert, schlagenden Nachttrommeln, kehligen Gesängen und Ängsten kleiner Jungen. Einen Moment lang war ich wie überwältigt, fühlte tiefes Unbehagen. In diesem Augenblick glaubte ich alles, hielt ich alles für möglich. Wieder einmal erkannte ich, daß diese Welt, die ich auserwählt hatte, nicht nur aus roten Sonnenuntergängen, wandernden Herden, sonniger Savanne und blühenden Bougainvilleen bestand: Ich mußte an die Schlange denken, an das nie gehörte Kreischen der Bremsen, an die offenen Gräber, den Schmerz, die flüchtige Wirklichkeit, die sich häufig unserem Verständnis entzog und unserer Verblüffung spottete, und ich begriff, daß auch das hier Afrika war.

Ich kehrte in die Gegenwart zurück. »Julius, wir haben 1985. Du wirst auf eine der renommiertesten Universitäten der Welt gehen. Du wirst in einem großen Flugzeug dorthin fliegen, viele Leute aus aller Welt kennenlernen, nützliche Dinge lernen, die es dir, wenn du nach Kenia zurückkommst, ermöglichen werden, den Beruf auszuüben, von dem du immer geträumt hast. Wenn du gehst, wirst du niemandem damit schaden. Genau das macht das neue Kenia aus. Sie sollten stolz auf dich sein, in deinem Dorf.«

Ein Gedanke schoß mir durch den Kopf, und ich schüttelte ihn ab. »Wer war das? Wer hat das geschrieben? Wer hat dich mit einem Fluch belegt?«

Sein Gesicht war so unnahbar wie eine steinerne Platte, und ich sah, daß ich es von ihm nicht erfahren würde. Nicht jetzt. Schon als ich die Frage stellte, wußte ich, daß er es mir nicht sagen würde.

»Sie denken, daß ich nicht wiederkomme. Sie denken, sie haben dort keinen Einfluß mehr auf mich.«

»Die Familie von dem Mädchen? Magst du das Mädchen?«

Julius hatte keine Zeit zu antworten. Anthony blickte auf, die Lippen zusammengepreßt. »Er trifft das Mädchen nicht mehr. Es war ein Fehler. Es war ihre Schuld. Das Mädchen hat, was ihn betrifft, jede Hoffnung aufgegeben. Ein dummes Bauernmädchen. Sie wurde entschädigt.« Er verscheuchte den Schatten des Mädchens mit der Hand wie eine unbedeutende Motte.

Ich widersprach: »Ihre Familie könnte allerdings anderer Ansicht sein.«

Julius sah mich mit plötzlicher Entschlossenheit an. Ich las zugleich Verwirrung, Furcht, Haß und Resignation in dem Blick, mit dem er mich bedachte. Und ich las noch etwas anderes, tief und dunkel, unsagbar und beängstigend, das ich nicht deuten konnte.

Ich räusperte mich. »Du mußt deinen Weg gehen, und nichts wird dir geschehen. Niemand kann dich dafür hassen, daß du studierst. Kein Fluch und kein *muganga* können dir etwas anhaben, wenn du nicht daran glaubst.«

Mit ungeheurem Entsetzen wurde mir plötzlich klar, daß er tatsächlich daran glaubte.

Ein Frösteln wie vom Regenwald und dunklen Hütten, grünem Rauch und Wodu glitt über den glänzenden Glastisch. Es kam mir so vor, als flackerten die Kerzen unsicher, wie in einer Gruselgeschichte.

Das Geräusch war leise und rauh, es war nicht mehr seine Stimme. Sie raschelte wie eine Schlange, und ich schreckte zurück: »Es war nicht das Mädchen, die zum *muganga* gegangen ist. Es war meine Mutter.«

Drei Jahre später.

Ich schloß die schwere Tür und ließ die Novemberkühle hinter mir. Das grelle Licht traf mich unvorbereitet, blendete mich einen Augenblick lang. Der große Raum war voller Menschen, und Stimmengewirr hallte von der hohen, gewölbten Decke wider. Ich konzentrierte mich verwundert auf die unwirkliche Szene.

Die Elefanten bewegten sich in ihren kreisförmig aufgestellten Käfigen, schwenkten rhythmisch die traurigen, grauen Köpfe. Kellner in weißen Jacketts bewegten sich zwischen den Gästen hindurch und reichten mit weißen Handschuhen Kanapees und Cocktails. Ich blickte mich um, erkannte einige vertraute Gesichter, und dann entdeckte ich ihn.

Ein noch volles Glas Wein in der Hand, in einem blauen Anzug mit einer schicken, tadellos gebundenen Krawatte, schenkte Julius mir durch den Raum sein entwaffnendes, warmes Lächeln.

Ein Elefant trompetete, unterbrach kurz das allgemeine Geplauder. Der Geruch von dampfendem Mist ließ sich mit der Mischung aus Parfüm und Zigarettenrauch nicht überdecken. Es war ein ziemlich sonderbarer Ort für eine Cocktailparty, das Elefantenhaus im Londoner Zoo. Julius war als mein Gast eingeladen worden. »Danke für die Einladung. Ich bin ein wenig überrascht.«

Ich war es nicht minder. Die Absurdität der Situation stand zwischen uns wie ein zu überquerender Teich, und ich lächelte. »Diese armen Geschöpfe. Und dabei haben wir die richtigen, die freien bei uns zu Hause.«

Seine düstere Miene, die heruntergezogenen Mundwinkel verrieten unverhohlenes Heimweh. Einen Augenblick lang war die Traurigkeit der Elefanten in Gefangenschaft seine eigene Traurigkeit. ·

»Anthony sagt, du würdest dich in Cambridge schon wie zu Hause fühlen.«

Er wirkte gepflegt und durchaus selbstsicher, konnte mit dieser unbestreitbar skurrilen Umgebung gut umgehen. Trotz – oder möglicherweise wegen – der eingesperrten bedauernswerten Elefanten war Afrika weit, weit weg.

Er verzog das Gesicht, hob vorsichtig sein volles Glas. »Es gefällt mir hier; aber den Wein krieg ich noch immer nicht runter.«

Mir fiel auf, daß er den Stiel sehr fest hielt, so daß die Fingerknöchel weiß hervortraten. Einen Augenblick lang dachte ich, er würde ihn zerbrechen. An seinem dünnen Handgelenk hatte er ein schwarzes Krokodillederband mit einer neuen goldenen Uhr.

»Geht's dir wirklich gut, Julius? Kümmert sich jemand um dich? Hast du großes Heimweh?« Was für ein weiter Weg, dachte ich, von den Lehmhütten, den Strohdächern, den Bananenhainen und den lächelnden Frauen mit hohen Brüsten und singenden Augen. So ein weiter Weg von seinen eigentlichen Wurzeln. Schon ich fühlte mich hier irgendwie fehl am Platze, wie mußte er sich da erst fühlen? Oberflächlicher Small talk, geistreiche, humorige Bemerkungen, über Politik, die Wirtschaftslage, das neueste Theaterstück, was ist aus dem Nashorn in Meru geworden, wie steht der Elfenbeinpreis, dieser sinnlose Handel mit Rhinozeroshörnern, wird die Berufung Leakeys für Kenias Tierwelt wirklich etwas verbessern?

Eine Dame in einem schwarzen Samtkostüm, der eine blonde Locke apart über ein Auge fiel, faßte Julius am Ellbogen, zog ihn mühelos mit, und im Nu war er in der Menge verschwunden.

Einen Moment lang sah ich ihn als einen schiffbrüchigen Matrosen, der von der Flut mitgerissen wird, unerreichbar; ich hatte den Impuls, ihn zu retten; dann zog jemand unsere Aufmerksamkeit auf sich, indem er ein Kristallglas zum Klingen brachte, und die Reden begannen. Als ich wieder nach Julius Ausschau hielt, war er verschwunden.

»Julius, Julius, wie schön, daß du wieder da bist!« Er hatte sich einen dünnen Schnurrbart wachsen lassen.

»Ich habe die Abschlußprüfung in Cambridge bestanden. Ich denke, jetzt werde ich promovieren.«

Er wirkte dünner, größer. Sein Akzent war geschliffener, die Worte sorgsam gewählt. Er wirkte distanziert, sogar wenn er antwortete. Ich spürte, daß sein Lachen aufgesetzt war, daß er damit einen tiefsitzenden Kummer überdeckte. In gewisse Winkel seiner Persönlichkeit ließ er niemanden eindringen; was hatte er zu verbergen? Wovor hatte er Angst? Welche verschlungenen Spinngewebe verbargen sich hinter der Maske des heiteren Jungen?

»Anthony hat mich vom Flughafen abgeholt.«

»Nett von ihm, um diese Uhrzeit. Wie geht's Anthony?«

Er zog mit gleichgültigem Blick die Schultern hoch. »Ich hatte ihn monatelang nicht gesehen. Ich habe eine Freundin.«

Er schaute mir direkt in die Augen. »Das paßt ihm nicht.« Dann fügte er zischend und mit einer erschreckenden Gehässigkeit hinzu: »Mir doch egal.«

»Eine Freundin, aber das ist ja toll, Julius! Wer ist sie?«

»Sie heißt Olinda. Wir wohnen jetzt zusammen. Ich liebe sie sehr.«

Zu meiner Überraschung traten ihm plötzlich Tränen in die Augen. »Sie ist so schön«, sagte er mit sehnsuchtsvoller Stimme, als würde er von einer Fee sprechen, die sich ihm entzog.

»Du mußt glücklich sein. Das müssen wir feiern. Es ist dein Leben. Du bist Mitte Zwanzig. Es ist ganz normal, daß du dich verliebst. Ich finde es wunderbar. Anthony muß das einfach akzeptieren.«

Das bislang Ungesagte kam mir in den Sinn, und es war der richtige Zeitpunkt, es endlich offen auszusprechen: »Er liebt dich auch«, sagte ich sanft.

»Ich weiß. Aber das ist nicht das Problem. Mit Anthony komme ich schon klar.« Ein abwesender Blick. »Das ist mir bisher immer gelungen.«

»Worüber bist du dann so traurig? Was beunruhigt dich? Erzähl's mir doch. Vielleicht kann ich dir helfen.«

Hemmungslos rannen ihm Tränen die Wangen hinab. Ich nahm seine Hand und führte ihn widerstandslos in mein Büro.

»Sie ist vom Luo-Stamm.«

Der Satz fiel wie ein Stein in einen stillen Teich, der so hohe Wellen schlug, daß selbst ich überrascht war.

Eine Luo und ein Kikuyu! Der Luo-Stamm ist um den großen Victoriasee angesiedelt, im Westen von Kenia; die Kikuyu stammen bekanntlich aus der Gegend der kühlen Waldgebiete rund um die schneebedeckten Hänge des Mount Kenia. Zwei Welten, die seit ihren Anfängen miteinander verfeindet sind. Beide Stämme unterscheiden sich physisch und ethnisch. In bezug auf Sprache, Aussehen, Sitten, Vorlieben, Gewohnheiten, Glauben bilden sie absolute Gegensätze, die selbst im heutigen modernen Kenia praktisch nicht zu vereinbaren sind. Die Tragweite dieser Verbindung machte mich einen Moment lang sprachlos. Ich schüttelte das ab. »Aber das spielt doch hoffentlich keine Rolle, oder? Sie lebt hier in der Stadt, weit weg vom See. Ihrer Familie, sagst du, geht es wirtschaftlich einigermaßen gut. Sie ist gebildet. Sie ist emanzipiert. Was schert euch ihr Stamm, wenn auch sie dich liebt?«

»Es geht um meine Mutter. Sie wird sich niemals damit abfinden. Sie hat gesagt, sie wird mich für alle Zeiten verfluchen, wenn ich sie heirate. Ich will sie aber heiraten«, sagte er schluchzend.

Ich blickte ihn bestürzt an.

»Wenn meine Mutter mir nicht, wie es Tradition ist, ihren Segen erteilt, wird auf unseren Kindern für immer ein Fluch lasten.« Er sah mich unter Tränen an. Die Worte kamen aus dem Mittelalter, wischten mit einem Schlag jahrelange Ausbildung, Cambridge, Bücher, Kultur, Golduhr, Computer, Führerschein weg.

»Sie ist nicht beschnitten.«

Und damit war es heraus, in meinem ordentlichen Büro voller Fotos und Bücher, mit den holzverkleideten Wänden, die nach den Wäldern im Great Rift Valley dufteten, woher die Kiefern stammten. Der Ort, hoch oben auf dem Kinangop, wo Julius' Mutter lebt, noch heute. Mit ihren Erinnerungen und vielleicht mit ihrer Reue.

Er überraschte sie eines Tages, diese Frau, die seine Mutter war, das Bauernmädchen, das durch harte Arbeit zu schnell alt geworden war, wie sie in der Wohnung in Nairobi herumschlich, in der er mit Olinda wohnte. Bei seinem Anblick wich sie zurück, zischte wie eine Eidechse, ihr Kopftuch halb offen, und versuchte etwas in ihrer Schürze zu verstecken. Er zwang ihre fest zusammengepreßte Hand auf und schreckte entsetzt zurück.

Es sah aus wie ein kleines totes Tier, behaart und reglos. Ein dichtes, abstoßendes Gewirr aus lockigem Menschenhaar, zu einer Puppe geformt. Zwei rostige Nadeln staken aus dem winzigen Kopf, wie groteske Hörner.

»Woher hast du Olindas Haare? Wie hast du uns gefunden? Wie bist du reingekommen? Du warst doch noch nie hier.«

Er stieß sie heftig weg, verwirrt, ängstlich, zornig, und doch hoffnungslos abhängig von der starken Bindung an seine Mutter, an ihre unverwüstliche Kraft, ihre erdige Macht und an ihre hypnotischen Augen, die ihn seit seiner Kindheit bändigten.

Ich lauschte, ohne ihn einmal zu unterbrechen. Er blickte durch den Tränenschleier auf.

»Das Problem ist, daß ich meine Mutter liebe. Liebe ist ein Gefühl, das sie nicht versteht. Sie wurde in der Pubertät verheiratet, kurz nach ihrer Beschneidung, mit einem viel älteren Mann, den sie nicht einmal kannte. Im Austausch gegen einige Ziegen und ein paar Gurden Bier. Er war Trinker. Er hat sie benutzt und sie jede Nacht geschlagen. Den ganzen Tag hat sie auf dem *shamba* gearbeitet, mit ihrem *jembe* den roten Boden bearbeitet und Bohnen, Kartoffeln und Mais angepflanzt, mit mir und später mit meinen Geschwistern auf ihren gebeugten Rücken gebunden.«

Er sprach weiter.

»Wenn der Kaffee nach der Regenzeit reif war, hat sie ihn bei Sonnenaufgang mit den anderen Frauen gepflückt. Sie hatten alle einen großen Metall-*debe* bekommen, den sie mit den roten Beeren füllen mußten. Sie sangen bei der Arbeit, und diese Lieder waren meine erste Musik. Sie war schnell und noch so jung, so geschmeidig, fast noch ein Kind, manchmal schaffte sie sogar zehn *debes* am Tag. Ihr Lohn betrug ein paar Münzen. Damals waren die Münzen aus Messing und funkelten wie Gold in der Sonne; einige hatten in der Mitte ein Loch, unter dem Porträt von König Georg, so daß die Leute einen Lederriemen durchziehen und sie sich um den Hals hängen konnten. Niemand hatte damals eine Geldbörse oder Hosentaschen.

Am Nachmittag hackte sie Feuerholz aus dem Wald und band es zu riesigen Bündeln zusammen, die sie auf dem Rücken trug – das Neugeborene schnürte sie sich dann vor die Brust, damit es trinken konnte. Sie roch nach Milch und Schweiß und Holzrauch, und wir fühlten uns in ihrer Wärme geborgen. Die Last auf ihrem Rücken wurde mit einem Lederriemen gehalten, der um ihre Stirn gebunden war, und das Gewicht war so schwer, daß sie davon eine tiefe Furche über den Augenbrauen zurückbehalten hat. Wie ein Esel beladen, schwankte sie nach Einbruch der Dunkelheit nach Hause, um unser Essen zu kochen.

Wir wohnten, kochten, aßen, schliefen in einem verräucherten Raum ohne Schornstein. Vom Qualm des Feuers bekamen wir Husten, rote Augen und entzündete Hälse; früher oder später erkrankten wir alle an Lungenentzündung, denn die Nachtluft war kalt, wenn wir nach draußen zur Latrine im Bambusdickicht mußten. Meine Mutter gab uns Honig und bittere Kräuter, und wir wurden wieder gesund. In unserer Lehmhütte war es behaglich, sicher und warm, wie in einer Höhle im Wald. Im Dach waren Skorpione und Hundertfüßer, manchmal schwarze Hausschlangen, aber für Moskitos war es zu verräuchert, für Malaria zu kalt und zu dunkel für Fliegen. Es war angenehm. Wir hatten nur zwei provisorische Betten. Wir Kinder schliefen zusammen auf einer mit Stroh gefüllten Matratze auf einer niedrigen Pritsche aus groben Ästen.«

Ich lauschte gebannt, ohne ihn zu unterbrechen.

»Mein Vater trank *changaa*, bis er niemanden mehr erkannte. Das Weiße in seinen Augen wurde gelb, und er starrte, ohne zu sehen. Ich versuchte, ihre Geräusche in der Nacht nicht zu hören. Aber wegen der roten knisternden Glutasche war es nie richtig dunkel. Als er sie einmal brutaler als sonst schlug, habe ich mich eingemischt. Ich war sechs Jahre alt. Er stieß mich gegen die Wand, blind vor Wut. Ein paar Tage lang konnte ich mich nicht bewegen, weil mir alles weh tat. Kurz danach hat mein Vater uns verlassen, um eine jüngere Frau zu heiraten.«

Er fuhr fort: »Meine Mutter hat seine zweite Frau nie akzeptiert. Es gab schreckliche Szenen, und sie hat geschrien, aber sie hat nie geweint. Tränen waren bei den Kikuyu-Mädchen traditionell nicht üblich. Sie war intelligent, obwohl sie weder lesen noch schreiben konnte. Als Kind hatte sie gelernt, in der Missionskirche fromme Lieder zu singen. Sie hatte eine klare, hohe Stimme und konnte sich gut Melodien einprägen. Sie hat allerdings nie gewußt, was sie da sang, abgesehen von den Kikuyu-Liedern. Sie hat nie Englisch gelernt. Ich bin dabeigewesen, wenn sie sang. So habe ich singen gelernt.

Für ein paar Shilling die Woche hat sie die Kirche geputzt. Schließlich hat sie einen großen Teil des Geldes, das sie beim Putzen und Kaffeepflücken verdiente, zum Dorf-*muganga* getragen. Sie belegte die andere Frau meines Vaters mit einem Fluch. Sie sah keinen Widerspruch zwischen dem christlichen Gott, dem sie diente, und den heidnischen Geistern, die sie um Hilfe anrief.

Der *muganga* war ein sehr alter Mann, der sich in Eselshäute hüllte. Er hatte langes, verfilztes, strähniges Haar und trug seltsamen Schmuck aus Zähnen, getrockneten Hufen und Knochen. Er stank nach geronnenem Blut und merkwürdigen Kräutern. An einem Ledergürtel hatte er Geldbeutel hängen, und seine Sandalen waren aus rohen Häuten; er hatte rote, wilde Augen und jagte mir Angst ein. Er lebte allein mit ein paar schwarzen Ziegen auf einem Hügel außerhalb des Dorfes, neben einem großen *mugumu*-Baum. Alle Kinder fürchteten sich vor ihm, und wir liefen davon, wenn er kam.

Für ihre Flüche mußte meine Mutter ihm von Zeit zu Zeit bestimmte Sachen besorgen. Für einen richtig starken Fluch wurde stets eine Ziege geschlachtet, ihre Eingeweide untersucht und mit seltsamen Ritualen verstreut, aus Wurzeln und Pulvern wurde ein Zaubertrank gebraut, und manchmal, für einen Krankheits- oder Todesfluch, wurden sonderbare Puppen gebastelt, die der Person ähnlich sahen, die mit dem Fluch belegt wurde. Die Leute starben nämlich leicht an einem Fluch. Manchmal wurden sie auch verrückt. Das ist noch heute so. Diese Puppen mußten ein paar Haare von der unglücklichen Person enthalten, oder auch ein paar Splitter von ihren Fingernägeln, ein Stück Stoff von ihrer Kleidung. Die Puppe mußte an irgendeine Stelle im Haus der betreffenden Person gelegt werden oder direkt an ihren Körper; eine Nadel mußte durch den Teil des Körpers gesteckt werden, der erkranken sollte.

Hin und wieder sah man jemanden wie in Trance umherirren, mit leerem Blick, und dann wußten wir, daß er mit einem Fluch belegt worden war. Wenn der *muganga*, der den Fluch ausgeführt hatte, nicht gefunden werden konnte, um ein Gegenmittel zu verabreichen und die Person von dem Fluch zu erlösen, verlor sie jedes Interesse am Leben, hörte auf zu essen und erlosch wie eine Kerze.

Mein Vater starb einige Jahre später. Man fand seinen zerfleischten Körper eines Morgens in einem Graben. Die Hyänen hatten ihn zuerst entdeckt. Es hieß, er sei im betrunkenen Zustand gestürzt. Möglicherweise war es ja so.

Aber man hatte beobachtet, wie er mit wildem Blick im Kreis herumgegangen war, und ich hatte so meine Zweifel.«

»So etwas würde deine Mutter deiner Freundin nicht antun. Bestimmt nicht. Das ist böse, Julius!«

Er blickte zu mir auf, ohne zu antworten. Dann murmelte er etwas halblaut, etwas so Unfaßbares, daß ich nicht sicher war, ob ich es richtig verstanden hatte.

Dann fragte er mich, ob er für zwei Wochen in Laikipia bleiben und in dem leerstehenden Haus mit Blick auf den Engelesha-Wald wohnen könne, weg von den Menschen und Problemen, weit weg von seiner Freundin. Er mußte nachdenken, zu sich finden, allein sein. Ein paarmal sah ich ihn. Er war in sich gekehrt, unerreichbarer denn je, in seine Welt zurückgezogen. Er hatte stark abgenommen. Als würde er sich nichts mehr aus Äußerlichkeiten machen, hatte er begonnen, sich einen Bart wachsen zu lassen.

An einem Sonntag lud ich ihn zu einem Picknick am Stausee ein, und er kam. Er aß nichts. Er saß etwas abseits auf einem Felsen und warf geistesabwesend Kieselsteine ins Wasser, beteiligte sich nur ab und zu am Gespräch.

»Was machst du denn so den ganzen Tag?«

»Lesen.«

»Was liest du?«

»Shakespeare.« Und mit einem Anflug seines alten Humors fügte er hinzu: »Es ist einfach phantastisch, Shakespeare laut zu lesen und bei Sonnenuntergang hinunter ins Rift Valley zu schauen.« Ich konnte ihm nur zustimmen.

Shakespeare, Cambridge, der *muganga*, der Aberglaube der ländlichen Bevölkerung, tiefverwurzelte Traditionen, der Einfluß seines englischen Lehrers, sein Studium, seine Luo-Freundin vom großen See, diese neue überwältigende Liebe und Leidenschaft, mit der er kaum zurechtkam, seine schreckliche Mutter. Ich machte mir ernstlich Sorgen um Julius.

Ich sah ihn nie wieder. Drei Monate nach besagtem Sonntag hatte mein Telefon geklingelt, und mir war die tragische Nachricht übermittelt worden.

»Es geht um Julius. Er hat Selbstmord begangen.«

Anthony, der jetzt auf meinem weißen Sofa saß, geistesabwesend Whisky trank wie jemand, der sonst niemals Hochprozentiges trinkt und sich nicht um die Folgen schert, sprach weiter: »Ein paar Tage vorher habe ich ihn noch gesehen. Er saß auf seinem Bett und blickte mich mit leeren Augen an, als würde er nicht zuhören. Er hatte einen ungepflegten langen Bart. Er sah aus wie verhext.«

Ich fuhr zusammen.

»Er hatte ein Buch von Shakespeare neben sich. Er las *Romeo und Julia*.«

Ein todgeweihtes Liebespaar.

Pause. »Er hat Rattengift genommen. Seine Mutter war wütend, als er starb.«

»Wütend? Nicht traurig? Nicht verzweifelt?«

»Verärgert, als wäre irgend etwas schiefgegangen.«

Schiefgegangen?

Was hatte Julius noch zu mir gesagt, damals, in meinem Büro? Ich mußte mich unbedingt erinnern. Etwas über den Fluch. Die Haare. Olindas Haare. Nein. Nicht Olindas. Der Fluch war nicht für sie bestimmt. Er war für Julius. Damit er das Interesse an ihr verlor, sie verließ. Der Fluch war fehlgeschlagen. Jetzt war alles klar.

Statt dessen hatte er das Interesse am Leben verloren.

Seine Stimme kam aus der Ferne zurück und flüsterte: »In der Puppe waren *meine* Haare.«

Einen Elefanten, wieso?

O mein Amerika, mein Neu-Fundland.

JOHN DONNE, *An seine Geliebte: Beim Zubettgehen*

1

Liebe Mrs. Gallmann – begann der Brief –, *danke, daß wir bei Ihnen in dem Ausbildungszentrum sein durften, das Sie zum Gedenken an Ihren verstorbenen Sohn eingerichtet haben. Ich wünschte, ich hätte ihn gekannt. Mir hat alles sehr gut gefallen, aber vor allem die wilden Tiere. Das erste Tier, das ich sah, war ein Elefant. Ich hatte noch nie einen gesehen. Er war sehr groß, ich konnte ihn schon von weitem sehen.*
Anne Wanjoi, Nyahururu-Schule, Ngarua«

Auf dem großen Felsen inmitten des Gartens schaukelt ein roter Hibiskus in der sanften Brise.

»*Felix qui potuit rerum cognoscere causas*«[1], lautet die Inschrift – ein Zitat von Vergil – auf der Messingtafel. Und darunter steht:

---

1 Glücklich, wer die Ursachen begreifen kann. Vergil

In Erinnerung an Emanuele
Venezia 1966 – Laikipia 1983.

Zwei Akazien, eine kleine, eine große, das Symbol des Überlebens und der Hoffnung, sind darunter eingraviert.

Ein kurzes Leben, eine ganze Geschichte in wenigen Worten.

Ich bin im Laikipia Wilderness Education Centre, das aus Stein und Stroh im Herzen der Ranch erbaut wurde, wo ich lebe und wo mein Sohn an einem sonnigen Tag im April 1983 mit siebzehn Jahren starb und beerdigt wurde.

In meiner Verzweiflung über seinen Tod fand ich, wie das Samenkorn in der Erde, das die Kraft zu keimen findet und sich mühevoll seinen Weg nach oben zum Licht und ins Leben bahnt, den Schlüssel zum Überleben. Ich begriff, daß Emanuele, wie Paolo vor ihm und alle, die uns vorausgegangen sind, einfach nur in eine andere Dimension gewechselt war und daß ich, auch wenn ich seinen Körper nicht mehr sehen konnte, stets die Kraft seines Wesens würde spüren können, an dem ich selbst teilhatte. Es gab keine Grenzen.

Ich gründete die Mission, um so lange wie möglich positiv zu arbeiten, um meine Existenz und mein Überleben zu rechtfertigen, indem ich mit den gegebenen Möglichkeiten etwas veränderte.

Bald stellte ich fest, daß diese neue Energie schier unerschöpflich war. Emanuele war Paolo gefolgt, doch die Kraft, die von seiner Liebe und von der Erinnerung an ihn ausging und die sich in der von ihm geliebten Natur Afrikas widerspiegelte, wurde mir zur Inspiration, etwas Dauerhaftes zu schaffen, dem die Zeit nichts würde anhaben können.

Auf meinen einsamen Wanderungen auf den Bergen und in den Tälern dieser Ranch, die ich über alles liebe, beschloß ich, ihre Tore für junge Menschen zu öffnen, damit sie lernten, Afrika zu verstehen und zu achten.

Noch vor zwei Generationen wußten die Afrikaner alles, was es über ihre Umwelt zu wissen gab. Sie lebten im Einklang mit der Natur, die ihnen Nahrung und Medizin bescherte. Sie lebten vom Jagen und Fischen, sammelten Pflanzen und Knollen, Honig und wilde Beeren, ohne das zarte, zerbrechliche Gleichgewicht ihres Ökosystems zu zerstören, von dem ihr Dasein abhing. In jener Zeit wußten sie um ihre Wurzeln, sie waren stolz auf ihre Bräuche und Traditionen, sie achteten ihre Welt, und sie kannten Elefanten. Diese Zeit ist für immer vorbei.

Wenn die neue Generation, die heute in die Städte strömt, um sich in fremden, aus einer weit entfernten Welt importierten Fertigkeiten ausbilden zu lassen, nicht die Möglichkeit erhält, die Wildnis zu erleben, die Heimat ihrer unmittelbaren Vorfahren, und wieder stolz zu sein auf ihr Land und seine einzigartige Schönheit, dann ist die Ökologie dieses Kontinents hoffnungslos verloren. Die Wälder werden verschwinden und damit die Pflanzen und die biologische Vielfalt und schließlich die Vögel und die anderen Tiere. Afrika wird eine zerstörte Landschaft bleiben, die von verheerenden Dürrekatastrophen und Überschwemmungen heimgesucht wird.

Ich bin davon überzeugt, daß die Eindrücke, die wir in der Kindheit sammeln, unser Verhalten als Erwachsene bestimmen. Und diese Überzeugung hat mich veranlaßt, das »Wilderness Centre« ins Leben zu rufen.

An einem Tag wie jeder andere sitze ich auf dem Ausguck am Rande des Hügels, auf dem die Schule steht, am Ufer eines kleinen Stausees, der mit Papyrusbüscheln bedeckt ist und von Wasservögeln aufgesucht wird. Ich beobachte eine Herde Impalas, die anmutig zum Trinken hinunter zum Wasser kommen. Nilgänse fliegen kreischend davon mit flatternden Flügeln. Hinter ihnen ein Wasserbock, und aus dem *lelechwa*-Dickicht treten die Elefanten, einer nach dem anderen.

Eine Gruppe afrikanischer Kinder in ihren farbenfrohen Schuluniformen sieht ehrfürchtig vom Ufer aus zu.

2

Der junge Mann in dem adretten, gutgeschnittenen blauen Anzug hielt eine Karte mit meinem falsch geschriebenen Namen hoch.

»Sie suchen nach mir«, stellte ich mich vor, und er schenkte mir ein strahlendes, offenes Lächeln, das sein sympathisches dunkles Gesicht fröhlich aufleuchten ließ.

»Ich war nicht sicher, wie Sie sich schreiben. Ich hoffe, Sie hatten einen angenehmen Flug.«

Ich war müde, hatte einige Tage in Seattle hinter mir, wo ich die Werbetrommel für mein Projekt in Afrika gerührt hatte, und litt noch immer unter dem Jet-lag, aber ich freute mich darauf, diesen Teil Kaliforniens zu erkunden. Es war warm, aber nicht heiß, überraschend trocken. Die Sonne schien. Aus der Luft hatten die Randbezirke von Los Angeles wie eine öde, übervölkerte Dritte-Welt-Stadt mit endlosen, niedrigen identischen Gebäuden ausgesehen.

Ich folgte ihm durch die Menge. »Holen wir mein Gepäck, und dann können wir gehen.«

Er nahm meinen Laptop und warf mir einen raschen Blick zu. »Ich weiß nicht recht, wie ich Ihren Akzent einordnen soll.« Er wirkte sehr selbstsicher. »Wo kommen Sie her?«

Ich lachte. »Aus Italien. Ich dachte, mein Akzent würde mich verraten, sobald ich den Mund aufmache.« Mein italienischer Akzent ist in den über zwanzig Jahren, die ich in Afrika bin, nicht schwächer geworden. Ich bin recht stolz auf ihn, außerdem kann ich ohnehin nicht viel daran ändern.

Schließlich bin ich einmal Italienerin gewesen.

»Oh, ich liebe Italien. Ich bin mit Alitalia hergeflogen, und sie haben gesagt: *Signore e signori, benvenuti a bordo*.« Wir lachten. »Es klang so nett, daß ich es am liebsten immer wieder gehört hätte. Wo wohnen Sie in Italien?«

»Nun, ich lebe nicht mehr dort. Ich lebe in Afrika.«

Er blieb abrupt stehen. »Wo in Afrika?«

Jetzt erst fiel mir auf, daß er keinen amerikanischen Akzent hatte; ich war ganz selbstverständlich davon ausgegangen, daß er Afroamerikaner war. Nun sah ich ihn mir genauer an. Er war schlank, mittelgroß, hatte intelligente Augen, kleine Ohren, ebenmäßige, leicht vertraut wirkende Züge.

»Ich lebe in Kenia.«

Noch bevor ich es aussprach, ahnte ich, was passieren würde, doch seine Freude überraschte mich trotzdem. »*Oh jambo! jambo jambo mama. Hata mimi natoka Kenya. Mimi ni Jaluo. Halla bahati mzuri sana kukutana na wewe hapa.*« (Ich komme auch aus Kenia. Ich bin vom Luo-Stamm. Was für ein glücklicher Zufall, daß wir uns hier begegnen.)

Wirklich ein glücklicher Zufall. Ich war nach Los Angeles gekommen, weil auf der Grundlage meiner Autobiographie *Ich träumte von Afrika* ein Film gedreht werden sollte, und der Mensch, der mich am Flughafen abholen kam, war ausgerechnet Afrikaner und noch dazu Kenianer. Vielleicht sogar mehr als nur reiner Zufall. Es war ein Omen. Ein phantastisches, gutes Omen.

Das Eis war gebrochen.

Ich freute mich; ich hätte nicht im Traum daran gedacht, daß ich auf meiner Reise Swahili sprechen würde.

Wir holten das Gepäck und gingen zu seinem Wagen. Eine komfortable, dunkelblaue, normale Limousine, Gott sei Dank, keines von diesen überlangen Schiffen, die ich so protzig finde.

Wie stiegen ein, und ich fragte ihn nach seinem Leben. Wie und warum war er nach Amerika gegangen?

Er fuhr mit müheloser Sicherheit. »Ich hatte einen Traum«, sagte er. »Ich wollte Verwaltungsfachmann werden und in Kalifornien studieren. Und genau das mache ich jetzt. Ich jobbe als Fahrer, um die Studiengebühren bezahlen zu können.«

»Ihre Familie muß recht wohlhabend sein, wenn sie Sie hat hierherschicken können. Wie sind Sie hergekommen? Sie müssen Beziehungen haben.«

Er grinste mich im Rückspiegel an. »Keinen Penny. Keinerlei Beziehungen, außer einem älteren Freund, der mal hier gearbeitet hat. Ich hatte zwanzig Cents in der Tasche, als ich ankam.«

Ich betrachtete seinen gutsitzenden neuen Anzug, die schicke Krawatte, das saubere, perfekt gebügelte Hemd. Er strahlte einen gewissen Wohlstand aus.

»Wie lange ist das her?«

»Drei Jahre. Ich habe monatelang in dem gemieteten Zimmer meines Freundes auf dem Boden geschlafen. Und um mich über Wasser zu halten, habe ich Toiletten geputzt. Ein Job, den niemand wollte. Ich habe immer nur gegen Bares Toiletten geputzt. Zu Anfang hatte ich nämlich keine Arbeitserlaubnis.«

Ich war beeindruckt. »Und dann?«

»Und dann, nachdem ich monatelang Klos geputzt hatte, habe ich Fenster geputzt. Ich habe jeden Cent gespart.«

Er blickte mich im Spiegel an. »Vom Fensterputzer habe ich mich zum Straßenverkäufer hochgearbeitet. Gelegenheitsjobs. Ich hab genommen, was ich kriegen konnte. Es war nicht leicht, aber in Amerika ist alles möglich.« Er hielt inne, in seiner Stimme schwang Stolz mit.

»Jetzt habe ich die Arbeits- und Aufenthaltserlaubnis. Ich gehe zur Uni. Nächstes Jahr mache ich meinen Abschluß.«

Wir kreuzten viele Straßen und fuhren schließlich auf dem Freeway in Richtung Santa Monica. Der Ozean schimmerte türkisblau, und am weißen Strand waren Jogger unterwegs.

»Das muß am Anfang ganz schön hart gewesen sein«, murmelte ich.

»Eigentlich nicht. Ich wußte, was ich wollte, und ich bin mir für keine Arbeit zu schade, wenn ich ein Ziel vor Augen habe.«

Mir imponierte diese Einstellung.

»Ich arbeite auch für eine Versicherung. Fürs Studium lerne ich meistens abends und an den Wochenenden. Das Leben ist wunderbar.«

»Ihre Familie zu Hause muß sehr stolz auf Sie sein.«

»Und ob. Meine Geschwister. In Kisumu.«

Was für ein Schritt von der kleinen geschäftigen Stadt am Victoriasee bis hierher in diesen Prototyp einer amerikanischen Metropole. »Vermissen Sie Kenia?«

»In gewisser Weise, ja. Aber ich fliege im nächsten November wieder hin. Ich habe genug für das Ticket zusammengespart.«

Ich staunte, war stolz auf ihn. Er hatte das praktisch Unmögliche geschafft.

Wir erreichten Santa Monica. Der Ozean glitzerte, kleine Schaumkrönchen tanzten auf den Wellen, am Strand joggte ein junges Paar mit Walkman Hand in Hand. Ein paar Jugendliche sausten auf Rollerskates an ihnen vorbei.

»Joseph« – er erinnerte mich an einen anderen Joseph, die gleiche Freude in den Augen –, »haben Sie in Kenia jemals einen Elefanten gesehen?«

Ich sah, daß es mir gelungen war, ihn zu verblüffen. Einen Moment lang geriet seine Selbstsicherheit ins Wanken. Er bremste so abrupt, daß der Wagen fast ins Schleudern kam. »Einen Elefanten, wieso?« Seine Augen waren kreisrund vor Verwunderung. Er zuckte die Achseln.

Und genau darin, in seiner Reaktion, in seiner verdutzten Antwort, lag die Tragödie der afrikanischen Umwelt, der Identitätsverlust der Menschen in Afrika, der Grund, warum die Umwelt nicht geschützt ist, und der Hauptgrund, warum ich nach Amerika gekommen war.

Um ein Bewußtsein dafür zu schaffen. Um Hilfe zu erbitten.

Die Menschen in Afrika können es sich nicht einmal leisten, die wildlebenden Tiere ihres eigenen Landes zu bestaunen. Als würden wir in Italien es uns nicht leisten können, in unsere Kirchen zu gehen, unsere Gedenkstätten zu besichtigen, unsere Museen zu besuchen, uns die römischen Ruinen anzuschauen, uns an der Kunst zu erfreuen, die Italien groß macht. Und genau aus diesem Grund habe ich das »Wilderness Centre« gegründet.

»Einen Elefanten? Natürlich nicht. Wo hätte ich denn einen Elefanten sehen sollen? Das konnten wir uns nicht leisten.«

Ich habe Joseph nach Laikipia eingeladen, wenn er im Herbst nach Kenia kommt. Er soll den Sonnenaufgang über der Savanne bei einem ohrenbetäubenden Vogelkonzert erleben, zwischen Palmen und Feigenbäumen zu den Wasserfällen am Rande des Great Rift Valley gehen und sich an seinen ersten freien Elefanten heranpirschen, den König des Busches, damit er, wenn er nach Los Angeles zurückkehrt, in der Erinnerung an den Dickhäuter, der zu seinen Wurzeln gehört, stolzer und aufrechter gehen kann.

Wie schon Tausende junger Menschen vor ihm, die Ol Ari Nyiro besucht hatten, wird auch er nie wieder der sein, der er einmal war, weil er dann gesehen haben wird, wie sich ein Elefant frei durch den afrikanischen Busch bewegt.

Eines Tages in Kiwayu

Ein Mensch, der das Meer nicht fürchtet, wird bald ertrinken, sagte er, denn er wird an einem Tag hinausfahren, an dem er es lassen sollte. Aber wir fürchten das Meer wirklich, und wir ertrinken nur manchmal.

J. M. SYNGE, *The Aran Islands*

Die Hitze des Sandes durchdrang meinen müden Körper, und ich grub die Finger und Zehen hinein, dehnte meine Muskulatur, zufrieden, endlich entspannt, in dem Bewußtsein, die ganze Erde als mein Bett zu haben. Die Sonne wärmte mir den Rücken. Durch halbgeschlossene Lider sah ich, wie die kleinen Wellen der Ebbe ans Ufer plätscherten. Im Weiß des Strandes glitzerten eine Million verborgener Kristalle, winzige Muscheln, und am anderen Ende der Bucht war die grüne Insel Kiwayu zu erkennen, ihre fedrigen Akazien mit filigranen Lianen geschmückt. Von Austern überkrustete Felsen, die von der Ebbe entblößt wurden, waren jetzt schaumgerändert, und es war Wind aufgekommen. Wolken sammelten sich am Horizont: Vielleicht würde es am Abend regnen.

Heute war mein Geburtstag, der erste Juni, in Kenia

Madarakatag und Nationalfeiertag. Nach meiner Rückkehr von einer langen Reise nach Übersee waren wir hierher zu diesem idyllischen Fleckchen Erde, nicht weit von der somalischen Grenze, geflogen. Hier konnte ich mich ausruhen, bevor ich mich wieder in meine anstrengende Arbeit stürzte, den Jet-lag überwinden, meinen Geburtstag völlig ungestört feiern, Tausende Kilometer entfernt von der Zivilisation, ohne Telefon, für niemanden erreichbar. Selbst in Laikipia hätten die Probleme, die sich während meiner Abwesenheit angesammelt hatten, auf mich gewartet. Es war Aidans Idee gewesen, rücksichtsvoll, fürsorglich wie immer. Kiwayu war für mich etwas ganz Besonderes.

Ein Ort voller Erinnerungen an Sandkrabben, die auf flinken Beinen davontanzen, wie meine Empfindungen, an kleine graue Wellen, die das Ufer lecken, rote Sonnen, die auf perlfarbenem Wasser zerschmelzen wie in einem schwimmenden Korallen- und Quecksilberspiegel. Erinnerungen an Spaziergänge ins Dorf Mkokoni, wo Paolo und ich einmal einen glücklichen Sommer lang am Strand gezeltet haben. Erinnerungen an Emanuele, wie er frühmorgens mit den Fischern zum Kaurischneckenfang hinaussegelte und, das dünne Ärmchen erhoben, zum Abschied winkte. An Picknicke nachts am Strand, wir saßen auf großen klammen Kissen aus Baumwoll-*kangas*, an den Duft des Seewindes und längst vergangener Jugend.

Ich atmete tief die warme, balsamische Meeresluft ein. Neben mir stand Sveva auf. »Man hat mich gefragt, ob ich mit segeln gehe. Darf ich?«

Ich betrachtete ihre langen, braungebrannten Beine,

Hüften, die unlängst neue gerundete Form bekommen hatten, den Körper, der praktisch über Nacht erblüht zu sein schien, als ich gerade mal nicht hingesehen hatte, in der Zeit, als ich in Amerika war, um für mein Buch zu werben, um meine Stiftung bekannt zu machen, um zu arbeiten. Sie schüttelte ihre volle, honigfarbene Haarpracht, eines ihrer auffälligsten Merkmale, und ich erkannte mit Verwunderung, daß sie kein Kind mehr war. Verschwunden war das pausbäckige mediterrane Engelsgesicht, das feine silbriggoldene Babyhaar. Schon bald würde sie eine Frau sein. Bald würde sie mich verlassen.

»Bist du sicher, daß du das kannst?«

Mit Paolos jähem, resolutem Blick, gegen den ich, wie ich wußte, nicht ankäme, mit einem entschlossenen Funkeln in ihren ozeanblauen Augen, wandte sie sich mir zu. Ein Lächeln mit vollen Lippen, Paolos weiße Zähne, das Schimmern ihres strahlenden Teints. »Wenn ich's nicht ausprobiere, lerne ich es nie. Zum Mittagessen bin ich zurück.«

Sie lief davon, ein Hauch von Jugend, blond und rötlich, zu ihrem wartenden Freund. Nur ein leichtes Unbehagen, eine kurze Vorahnung; doch dann übermannten mich eine Welle aus Schlaf und Erschöpfung, die Benommenheit des Jet-lag, die Wärme und der rhythmische, hypnotisierende Klang des Ozeans, und ich war eingeschlafen.

Ich wachte langsam auf und fühlte mich steif. Mir brannten die Schultern, und die Sonne war inzwischen über den Zenit hinaus. Ich sah auf die Uhr und stellte fest, daß ich über zwei Stunden geschlafen hatte. Ich mußte zurück zu meiner strohgedeckten Hütte, nach Aidan sehen, nach Sveva. Ich hatte Hunger.

Ich stand auf und blickte den Strand entlang. Eine einsame Gestalt kam fast im Laufschritt auf mich zu.

Der Wind war stärker geworden, und die unruhige See sah grün und trübe aus, mit großen, häßlichen Wellen, voller Seetang.

Ich schirmte die Augen mit einer Hand ab und sah, daß die Person Aidan war. Gegen den Wind gebeugt, bewegte er sich merkwürdig schnell. In seinem Schritt lag etwas Dringliches, was ich sogar aus der Ferne erkennen konnte. Mit schneller schlagendem Herzen lief ich ihm entgegen. Ein Begrüßungslächeln erstarb auf meinen Lippen, als ich sein Gesicht sah.

Er kam wie immer gleich zur Sache. Er verlor keine Zeit. Seine Stimme klang ernster als je zuvor, was meine Besorgnis noch erhöhte. »Komm schnell. Sveva hatte einen Unfall. Ich fürchte, es sieht nicht besonders gut aus.«

Mein Mund war schlagartig wie ausgetrocknet, und meine Stimme versagte. Ein stummer Schrei stieg in mir auf, aus jenen qualvollen Tiefen, die ich schon einmal aufgesucht hatte, verschloß mir die Kehle, trug, wie eine kühle Brise, das vertraute Gefühl des Entsetzens, der Ohnmacht und des drohenden Verlustes.

Nicht noch einmal.

O nein. Nein. Nicht Sveva. Nicht Sveva, o Götter im Himmel.

In Augenblicken der Verzweiflung fleht meine Seele die Geisterfreunde an, die ich in der jenseitigen Welt habe. Menschen, die ich geliebt und verloren habe. Menschen, denen meine Tränen und mein Schmerz niemals gleichgültig sind.

Paolo, o Paolo. Emanuele, bitte, Emanuele. Nonna, Nonna. Bitte. Nicht Sveva, bitte nicht Sveva.

Ich stand nur einen Moment unschlüssig, gelähmt von einer schmerzhaften Starre. Aidans blaue Augen waren schmale Schlitze, seine Stirn sorgenvoll gerunzelt. Er stützte mich. »... Nichts wirklich Ernsthaftes. Ihr Auge. Ihr Gesicht. Sie hat einen Schlag abbekommen ...«

Ich rannte jetzt. Wieso war der brennende Sand an jenem Tag in Kiwayu um die Mittagszeit so kalt unter meinen fliegenden Füßen? Wieso war der Weg zur Hütte in dem Bambuspalmenhain so endlos weit? Wieso schlug meine Angst wie eine Trommel, die jedes andere Geräusch dämpfte? Und die ganze Zeit über war mir dunkel bewußt, daß es inzwischen nach Mittag war, an einem Nationalfeiertag, daß wir Stunden würden fliegen müssen, um ärztliche Hilfe zu bekommen. Daß wir es niemals vor der Dunkelheit schaffen würden. Aidan konnte zwar bei jedem Wetter fliegen, bei jedem Mond, aber heute abend würden wir keinen Mond haben, und im Stockdunkeln über lichtlosen Landschaften würde auch er es nicht schaffen. Ich flehte wortlos jene an, die alles tun würden, um mir zu helfen.

Bitte, bitte, bitte, Paolo, Emanuele, Nonna, per piacere aiutatemi.[1]

---

1 Bitte helft mir.

Die vertraute, kühle Entschlossenheit, die oft mit Panik einhergeht, nahm wieder von mir Besitz, und ich spaltete mich. Die andere Kuki rannte. Die Sonne war dunkel und fremd wie eine Sonne auf dem Mond. *Lauf, Kuki, lauf.* Noch eine letzte Düne hinauf. Ein Knäuel Seetang wickelte sich um ihre Knöchel und brachte sie fast zum Straucheln. Sie stürmte ins Haus. Der Eingang des Zimmers, verhängt mit leuchtendem Baumwoll-*kanga*. Die Palmenmatte auf dem Boden, kühl, weich unter ihren nackten Füßen. Sie stützte sich kurz am Türrahmen ab, außer Atem, und sie war da. Wieder im Hier und Jetzt und bei mir.

Ich brauchte einige Sekunden, bis meine Augen sich an die Dunkelheit gewöhnt hatten. Auf meinem Bett, in einen roten, nassen *kanga* gehüllt, lag Sveva. Der junge Mann, der sie mit zum Segeln genommen hatte, hockte am Fußende des Bettes und hielt sich den Kopf. Ich ignorierte ihn, lief zu Sveva, rief ihren Namen, und als sie meine Stimme hörte, stöhnte sie.

Sie lebt. Sie lebt.

Ich sah sie an.

Das nasse Haar klebte ihr am Kopf. Darunter war ihr einstiges Engelsgesicht rot und geschwollen, voller Blut. Eine sichelförmige offene Wunde entstellte die linke Wange, und mit Tränen vermischtes Blut tropfte auf das Bettlaken. Sie blickte zu mir hoch. »Ich seh dich doppelt. Ich seh alles doppelt. *Mamma.* Werd ich wieder gesund?«

Seit sie ein kleines Mädchen war, fragte sie mich, wenn ihr irgend etwas passiert war, sie einen Kratzer, Fieber, Schmerzen hatte, mit absoluter Ergebenheit: »Werd ich wieder gesund?« und wartete mit dem gebannten Ausdruck uneingeschränkten Vertrauens auf das Urteil. Mein Herz verkrampfte sich, als sie da vor Schmerz und Bedürftigkeit in ihre Kindheit zurückfiel. Sie lebte, aber vielleicht war sie für immer entstellt. Vielleicht würde sie erblinden.

Sie bewegte sich und wollte sich aufsetzen. Aber als sie die Augen verdrehte, hielt ich rechtzeitig meine Hand hin, um sie sanft wieder auf das Kissen zu legen. Plötzlich mußte sie sich übergeben. Ich nahm sie in die Arme, bemüht, nicht an die Wunde zu kommen, und gab den anderen rasche Anweisungen, was sie tun sollten.

In der Eile hatte ich am Vortag nach meiner Rückkehr aus den USA beim Packen vergessen, meinen Erste-Hilfe-Kasten mitzunehmen. Ich hatte kein Mercurochrom. Keine antibiotische Salbe. Eigentlich nichts außer einem scharfen Desinfektionsmittel, das unerträglich auf der Haut brennt, und einer Packung mit Schmetterlingspflastern und Klammern, die zu benutzen ich meinen ganzen Mut würde aufbringen müssen. Dann also heißes Wasser, Eis. Die zarte Haut unter dem Auge durfte nicht verletzt werden. Über Funk das Krankenhaus anrufen. Um Rat fragen. Es würde auf keinen Fall lange genug hell sein, um es nach Nairobi zu schaffen. Und morgen wäre es zu spät, die Wunde zu nähen.

»Ich kann nicht richtig sehen. Ich sehe doppelt. Ich sehe dich zweimal. Zwei Betten. Zwei Aidans. Mir ist schlecht. Es tut mir leid.«

Sie mußte sich wieder übergeben.

»*Mamma. Mamma*, werd ich wieder gesund? Werd ich wieder richtig sehen können?«

Es hatte andere Vorfälle gegeben, bei denen sie um Haaresbreite davongekommen war. Einmal war sie von Killerbienen angegriffen worden. Ein anderes Mal war ihr Pferd durchgegangen, als sie einem Zebra folgte, und sie war im hohen Bogen auf die Felsen geschleudert worden. Und einmal, als sie noch ganz klein war, hatte sie sich geweigert, in das Auto einzusteigen, das bereits für die Rückfahrt von Laikipia nach Nairobi gepackt war. Sie war abrupt stehengeblieben, ungewöhnlich dickköpfig, und war kurz davor, einen Wutanfall zu bekommen, was sonst nicht ihre Art war. Es war Wanjiru gewesen, die mir geraten hatte, Sveva ernst zu nehmen.

»*Nyawera*«, hatte sie gesagt und mich bei meinem Kikuyu-Namen genannt, »*Makena najua. Kama yeye ataki hio ngari, lazima iko na kwa sabuba.*« (Du, die hart arbeitet: Die Glückliche weiß, was sie tut. Wenn sie das Auto nicht mag, gibt es dafür einen Grund.)

Widerwillig hatte ich das Gepäck daraufhin in den Jeep umgeladen. Ich fand das alles zwar albern, aber gegen Svevas und Wanjirus Bündnis kam ich nicht an.

Als unser Fahrer Karanja am nächsten Tag eine Freundin, die bei uns zu Besuch gewesen war, nach Nairobi brachte, verlor der Wagen ein Rad, das locker gewesen war. Der Wagen flog über die Böschung, überschlug sich und wurde völlig zertrümmert. Meine Freundin brach sich die Wirbelsäule. Ich fahre viel schneller als Karanja. Bei dem Gedanken, was hätte passieren können, wenn ich am Steuer gesessen hätte, wurde mir ganz mulmig zumute. Mit der für Afrikaner typischen Akzeptanz des Unwahrscheinlichen hatte Wanjiru unergründlich genickt: »*Asante Makena*«, war alles, was sie sagte. (Danke, Glückliche.)

Einmal waren wir, ohne es zu merken, auf einem Abendspaziergang mit den Hunden an Paolos Stausee direkt hinter Kuti mitten in eine Herde Elefanten geraten. Sie waren so leise gewesen, daß ich sie in der Dämmerung einfach nicht wahrgenommen hatte. Unversehens befanden wir uns praktisch zwischen den Beinen eines gewaltigen Muttertiers, das im trügerischen Zwielicht unsichtbar gewesen war. Plötzlich ertönte etwa einen Meter über uns ein Trompeten, Stoßzähne ragten vor, ein riesiger Kopf schüttelte sich, Ohren stellten sich wütend auf. Im Nu hatte ich Sveva gepackt, die damals um die vier Jahre alt war, und lief schräg gegen den Wind davon, um möglichst schnell aus der Witterungslinie zu kommen. Das Herz schlug mir bis zum Hals, die Beine wurden von Dornen zerkratzt, während ich versuchte, dem Rest der Herde auszuweichen; erst nach einer Weile bemerkte ich, daß Sveva, die in meinen Armen durchgerüttelt wurde, kichernd den Elefanten zuwinkte.

Und natürlich hatte es das Mal gegeben, kurz nach Emanueles Tod, als Sveva von einer kleinen Freundin aus Versehen in den Swimmingpool in Kutzi gestoßen wurde. Die Freundin war in Panik weggelaufen und Sveva auf den Grund des Beckens gesunken. Sie war noch sehr klein und konnte nicht schwimmen, aber auf unerklärliche Weise war es ihr gelungen, allein herauszuklettern, triefnaß, aber wohlbehalten. Es hatte noch andere gefährliche Situationen gegeben. Obwohl ihr, wie Paolo früher, ständig irgendwelche Mißgeschicke zustießen, gab es dennoch irgend etwas Unbekanntes – oder jemand Unsichtbares –, das oder der ihr aus wirklich bedrohlichen Gefahren half, irgendeine gütige Kraft, die sie bisher vor dem Schlimmsten bewahrt hat.

Jetzt erzählte Sveva unter Schluchzen, was geschehen war, und mir lief es kalt den Rücken herunter.

Sie waren auf das unruhige Meer hinausgesegelt, verantwortungslos, wie Jugendliche nun einmal sind, ohne Schwimmwesten. Sveva machte sich keinerlei Gedanken, ging davon aus, daß ihr Freund schon wissen würde, ob es zu gefährlich war. Die Ebbe trug das kleine Boot immer weiter aufs Meer hinaus. Es war weit und breit kein anderes Boot zu sehen. Da die Saison wegen der bevorstehenden Regenzeit zu Ende ging, waren alle Boote an Land gebracht worden. Mir war der Horror erspart geblieben, als nutzlose, ohnmächtige Zeugin zuzusehen, ohne eine Möglichkeit einzugreifen. Ich wäre dabei verrückt geworden. Sveva versuchte, sich an der glitschigen Bootswand festzuhalten und das Gleichgewicht zu behalten. Dann hatte der Wind plötzlich das Segel gepackt und den Baum herumgeschleudert. Er traf sie mit voller Wucht ins Gesicht und schleuderte sie ins Wasser. Das Boot kenterte. Der Himmel über ihren Augen wurde grau, wie bei einem wilden Purzelbaum.

Bewußtlos ging sie unter, schwer, als wäre sie aus Blei, aber unerklärlicherweise sank sie nicht, sondern kam wieder hoch. Die Kälte brachte sie zu Bewußtsein, und wie durch ein Wunder gelang es ihr, an der Oberfläche zu bleiben, das Gesicht brannte vor Schmerz, die Augen waren blind von Blut und Salzwasser, die Wellen wurden höher und höher, und keine Schwimmweste. Wie vor langer Zeit, als sie in Laikipia in den Pool gestoßen worden war, setzte sich die instinktive Überlebensfähigkeit im Wasser durch, die sie von Paolo geerbt hat.

Auch dieses Mal ertrank sie nicht, obwohl das leicht hätte passieren können. Der Schmerz und die Kälte hielten sie bei Bewußtsein, und sie konnte sich weiter über Wasser halten. Dann bekam der Junge sie am Haar zu fassen, das wie bronzefarbener Seetang zwischen dem Treibholz trieb. Er zog sie ins wieder aufgerichtete Boot, wo sie sich am Mast festklammerte. Mit Mühe erreichten sie das Ufer, wo Aidan, der in der Hütte an seinen Unterlagen arbeitete, von einem Bootswart alarmiert wurde.

Der Nachmittag zog sich dahin. Über das statische Rauschen im Funkgerät hinweg gab uns eine Krankenschwester der Notaufnahme im Krankenhaus von Nairobi Anweisungen und beruhigte uns. Wir sollten das Gesicht kühlen und dafür sorgen, daß Sveva sich möglichst wenig bewegte. Morgen würden wir bei Sonnenaufgang zurückfliegen. Doch heute konnte nur ich helfen.

Nervös wachte ich an ihrem Bett, während sie unruhig schlief, tupfte das hervorsickernde, mit Blut vermischte Sekret und betete, daß ihr Gesicht nicht entstellt blieb. Als die Dunkelheit kam, wußte ich, daß ich keine Zeit mehr verlieren durfte: Ich mußte die Wunde klammern. Sie trocknete langsam aus, klaffte weit fächerförmig auf, und wenn ich nicht sofort handelte, würde sie die glatte Haut dehnen und eine häßliche Narbe hinterlassen. Während Aidan die Sturmlampe und der junge Mann eine Taschenlampe hielt, setzte ich, in dem Bewußtsein, daß nur ich Svevas Schönheit retten konnte, mit angestrengt ruhiger Hand und mir fest auf die Lippe beißend, eine Klammer nach der anderen ins Gesicht meiner Tochter. Die Schwellung und Svevas Schmerzen sagten mir, daß der Wangenknochen gebrochen war. Vielleicht hatte das Auge Schaden genommen. Schließlich war ich fertig. Aber sie würde nicht sterben.

Zwei Jahre sind seither vergangen, und Sveva hat nichts von ihrer Schönheit verloren. Das Auge ist wieder gesund, wenn auch die Sehkraft ein wenig nachgelassen hat, der Knochen ist verheilt, und nur eine feine, sichelförmige Linie, durchscheinend wie der Neumond, ist unter ihrem linken Auge zurückgeblieben, um uns an den Nachmittag in Kiwayu zu erinnern. Der Arzt sagte am nächsten Tag, daß ich die Wunde perfekt geklammert hätte, sicher hätten mütterliche Sorge und Liebe meine Hände geführt. Aber Sveva und ich wußten, daß es unsere Geisterfreunde waren, die uns wieder einmal geholfen hatten. Bis zum nächsten Mal.

Das nächste Mal war wenige Jahre später, hier in Laikipia, als Sveva mit ihrem Freund Tim bei lauter Musik in meinem großen Jeep die Abkürzung zwischen dem Großen Damm und dem »Wilderness Centre« fuhr.

Sie fuhr zu schnell einen steilen Hang hinauf, und der Wagen geriet hinter der Kuppe, als es wieder bergab ging, ins Schleudern. Sie trat auf die Bremse, verlor die Kontrolle, und der Wagen überschlug sich. Sie prallte mit dem Kopf gegen die Decke, verlor die Besinnung und wurde wie eine Stoffpuppe in den Fond katapultiert. Führerlos und ungebremst sauste der Wagen weiter, überschlug sich erneut und landete auf dem Dach. Die Windschutzscheibe prallte gegen einen Baumstumpf und zerplatzte in tausend Stücke.

Shahar, der Agrarwissenschaftler aus Israel, der zu der Zeit gerade bei uns im Team angefangen hatte, war mit dem Motorrad auf dem Weg zur Verwaltung, als er den Wagen sah: auf dem Dach liegend, mit noch laufendem Motor und dröhnender Musik, und niemand drinnen. Der Stumpf eines Akazienastes, der den Vordersitz durchbohrte, hätte Sveva enthauptet, wenn sie noch hinter dem Lenkrad gesessen hätte. Das Wagendach war eingedrückt. Eine Todesfalle.

Die Spuren von zwei nackten Fußpaaren waren im roten Sand zu sehen, und Shahar folgte ihnen.

Sveva ging wie benommen, ihren Freund Tim an der Hand. Sie war aus dem Fenster gekrochen, hatte ihn aus dem Wagen gezogen und getröstet. Er hatte einen Schlüsselbeinbruch.

Sie hatte keinen einzigen Kratzer.

Dann kam die Nacht in Nairobi vor einigen Jahren. Es war der letzte Schultag in Kenia, bevor Sveva zum Studium nach Europa ging. Sie war an dem Abend zum Schulabschlußfest gefahren.

Ich hatte mich früh schlafen gelegt und wachte plötzlich mitten in der Nacht auf.

Ein Geräusch hatte mich geweckt.

Es hatte längere Zeit geregnet, aber inzwischen hatte der Regen aufgehört. Wasser tropfte von der Dachrinne. Die Hunde waren still. Irgendwer klopfte hartnäckig an der Haustür: »Mummy, mach auf.«

Ich schüttelte den Schlaf ab. »Wo hast du denn deinen Schlüssel ... es ist vier Uhr morgens ...«

»Mummy, wir sind ausgeraubt worden. Man hat uns alles weggenommen. Aber mir geht's gut.«

Vom Regen völlig durchnäßt, die langen Haare feucht auf den Schultern, stand Sveva mit ihrem Freund Tim vor der Tür. Bei einer dampfenden Tasse Tee erzählten sie mir, was passiert war.

Sie waren mit dem Wagen langsam durch den starken Regen gefahren und auf der Forest Road überfallen worden. Man hatte Tim aus dem Wagen gerissen und am Straßenrand im Gras auf die Knie gezwungen. Er wurde mit dem Gesicht in eine Schlammpfütze gedrückt, ein Fuß auf seinem Rücken hielt ihn unten, während ein Bandit ihn durchsuchte und ausraubte. Sveva kauerte im Wagen, unsichtbar im Dunkeln, geschützt durch die beschlagenen Fenster. Geistesgegenwärtig nahm sie ihre goldene Halskette mit dem Anhänger ab, der die zwei Akazien zeigt, ein Geschenk von mir. Sie versteckte sie in ihrem Ausschnitt und stieg aus.

Überrascht wandten sich die Banditen um. Einer von ihnen sprang auf sie zu, schubste sie, packte ihre Geldbörse, griff an ihre Bluse und begann sie auszuziehen. Die Zeit blieb stehen.

Ein unerwartetes Lächeln wirkt auf wütende, angespannte und verängstigte Menschen häufig wie Balsam, entwaffnet sie, nimmt ihnen den Wind aus den Segeln. Es ist häufig eine gute Strategie, und auch diesmal wirkte es.

Auf der verlassenen Forest Road im nächtlichen Regen biß sich Makena auf die Lippe, schluckte ihre Furcht hinunter und scherzte mit den Räubern.

Sahen sie denn nicht, daß sie und Tim noch jung waren und daß bei ihnen nicht viel zu holen war? Sie hatten nur wenig Geld, hier, bitte schön, sie konnten ihre Uhr haben, da, nehmt, eine gute Uhr aus Europa, und ihre Kette mit blauen Lapislazuli, sie war aus echtem Silber – eine Uhr, eine Kette waren schnell zu ersetzen –, sahen sie denn nicht, daß es kalt war und sie völlig durchnäßt, daß sie nur nach Hause wollten?

Darauf waren die Banditen nicht gefaßt gewesen. Sie konnten mit Wut, Furcht, Aggression umgehen. Svevas Ruhe, ihre Worte, ihr strahlendes Lächeln entwaffneten sie.

Wieder einmal setzte sich Makenas stiller Glücksstern durch, wieder kam sie unbeschadet davon, wie Paolo damals, vor langer Zeit. Das Blatt wendete sich, die Zeit der Gewalt war vorüber, die Räuber verschwanden im Nebel, wie ein Alptraum im Morgengrauen.

Der Regen fiel weiter auf die verlassene Straße.

Die Suche nach Sandy

In Erinnerung an Sandy Field

Große Dinge geschehen, wenn Mensch und Berg
einander begegnen.

WILLIAM BLAKE

Am Morgen des 14. Juni 1996 zogen am Himmel von Nairobi dunkle Wolken auf, die von ungewohnten, unsichtbaren Winden gebracht wurden. Es war seit Menschengedenken eine der ungewöhnlichsten Regenzeiten in Kenia gewesen.

Die langen Aprilregenfälle hatten auf sich warten lassen, und als der Himmel schließlich eines Nachmittags dunkel wurde und große, warme Wassertränen in unregelmäßigen Güssen schneller und schneller auf die ausgedörrte rote Erde meines Gartens in Gigiri niedergingen, war es bereits Ende Mai, fast schon Juni.

In Laikipia waren die Rinder mager geworden, und der Wasserstand im mittleren Stausee war so niedrig, daß wir die Krebse einfach nur am Ufer mit ein paar Brocken Fleisch zu ködern und einzusammeln brauchten, im Nu hatten wir einen Eimer voll.

Die Büffel, denen ich nachts auf der Straße begegnete, blieben verdutzt im Scheinwerferlicht stehen. Wie angewurzelt auf dürren Beinen, die Köpfe gesenkt, von der Last ihrer schweren Hörner niedergedrückt, hob das alte Männchen die Nüstern in Richtung meines Wagens. Die Rippen zeichneten sich unter der staubigen Haut ab, die Augen blickten müde, und die Löwen, so wußte ich, witterten jetzt ihre Chance.

Durch das trockene, spärliche Gras, das abends auf dem Kamm Mugongo ya Ngurue vom Wind gepeitscht wurde, konnte ich sehen, wie der Baringosee schrumpfte, die Uferstreifen hervortraten, braun an zerklüfteten Ufern; die Insel in der Mitte wurde größer, so daß sich ihre Dinosaurierform deutlicher abzeichnete; versteckt in den schlammigen Untiefen, wo es schon lange keine Fische mehr gab, machten hungrige Krokodile jetzt Jagd auf Ziegen, und die Baumfrösche waren durstig und in den kühlen Nächten stumm.

In Enghelesha warteten auch die Felder, die Shahar, unser junger Agrarwissenschaftler aus Israel, zum Bepflanzen vorbereitet hatte; Wolken kamen und gingen, ließen uns links liegen, und das Donnern, das den Himmel füllte, grollte nur vom Westen über den Cherengani-Hügeln her. Der Osthimmel, von wo der Regen nach Laikipia kommt, blieb ungetrübt und strahlend blau wie wilde Winden.

Der Rasen in meinem Garten in Kuti trocknete teilweise aus, und Paolos Stausee war leer, der cremige Schokoladenlehm auf dem Grund des Sees bekam in der Sonne langsam Risse.

Die Elefanten warteten, bis es Nacht wurde, bevor sie sich meinem Garten näherten. Angelockt von den noch immer grünen Sträuchern und frischen Blättern auf den bewässerten Abschnitten; und die *askari* hatte große Mühe, sie von den Gräbern fernzuhalten. Praktisch jeden Morgen war meine Zufahrt, bis vor Svevas ehemaligem Spielzimmer, mit noch dampfendem Mist übersät. Häufig fand sich auch Büffel- und Zebrakot auf den *murram*-Wegen in immer größerer Nähe zum Grundstück, und meine Hunde brachten heulend ihre Empörung über diese erneute Invasion ihres Territoriums zum Ausdruck, doch ihr Bellen verlor sich in den mondlosen Nächten mit den Schreien der Regenpfeifer.

Das Konzert der Vögel, die von meilenweit her zu den Vogelbädern und dem Futter kamen, das wir auf den Steinen für sie auslegten, übertönte jedes andere Geräusch an den sengend heißen Nachmittagen. Hunderte, Tausende von Vögeln, die mit einem unaufhörlichen Geflatter die Futterschüsseln der Hunde belagerten.

Dann kam von den Wasseranschlüssen im Garten ein röchelndes Geräusch, und wir wußten, daß die Tanks ausgetrocknet waren, so daß wir keine andere Wahl hatten, als Wasser von den Quellen auf Ol Ari Nyiro heraufzupumpen, über sechs Meilen weit.

Die Weiden waren völlig abgegrast; nur unter den *lelechwa* wuchs noch etwas Gras, grau vom Alter und erschöpft vom Leben. Nicht einmal mein Regenstab hatte diesmal genug Kraft, um die Wolken aufzurütteln.

Schließlich beschloß ich in meiner Verzweiflung, mich

auf die alten Bräuche des Landes zu besinnen, und engagierte einige alte *wazee* aus Mutaro, eine Regenzeremonie zu vollführen. Ein Schaf wurde gefunden, das völlig schwarz war, ohne irgendwelche weißen Stellen am Körper; und unter der Führung von Garisha, einem Viehhirten aus Meru, der seit Jahren auf unserer Ranch arbeitete, sangen und tanzten die alten Männer unter einem alten *mugumu*-Baum neben dem Mukutan-Bach, schlachteten das Schaf in einer feierlichen Zeremonie und aßen dann für sich nach einem alten Ritual mit Heißhunger ausgesuchte Teile.

Wir warteten. Wir warteten in der Hoffnung, den Klang des Regens auf dem Dach zu hören, und daß die Frösche im Teich erwachten. Aber nichts dergleichen geschah.

Etwa eine Woche verging. Dann plötzlich, ohne daß wir Menschen eine Veränderung in der Luft bemerkten, flogen die Bienen in großen, summenden Schwärmen über die Fieberakazien und warfen schnelle Schatten. Auf den frisch gepflanzten Topfpalmen, auf den Papyrus im Fischteich landeten die Webervögel, um lange Stückchen herauszureißen, und fingen hektisch an, ihre Nester zu bauen. Schon bald schmückten schwere Büschel wie kunstvoll geflochtene Körbe die Äste der Akazien, und mein Koch Simon blickte immer wieder nach Osten, schnüffelte mit hoch aufgerichtetem Kopf und breiten Nasenlöchern in der Luft und sagte mit feierlichem Ernst: »*Mimi basikia arufu ya mvua.*« (Ich kann den Regen riechen.)

Dann wachte ich eines Morgens auf und wußte, daß der Wind sich gelegt hatte. Die Luft war feucht geworden, gesättigt mit Wasser, und der schwere Himmel im Westen war purpurschwarz. Tiefhängende, bleifarbene Wolken zogen wie eine sich bewegende Decke auf.

Donner und Blitze erschütterten den Himmel, eine plötzliche Brise erhob sich, die Bougainvilleen bebten, wirkten bläulich in dem seltsamen grauen Licht, und der Regen kam.

In Laikipia krochen die Termiten aus ihren geheimen Tunneln hervor, die Erde öffnete sich, und goldene Wolken lebendiger Insekten trieben hoch im letzten Zwielicht der Abenddämmerung, mit schwirrenden neuen Flügeln, und tanzten taumelnd nach oben.

Der Regen nahm einfach kein Ende. Die Stauseen füllten sich und liefen über; der Mukutan-Bach wurde zum Fluß, stürzte mit ununterbrochenem Getöse die kleinen Täler und die Schlucht hinunter. Der Demu ya Schule hatte die Straße überflutet, das trübe Wasser breitete sich immer weiter aus, und die »Wilderness School« wachte eines fahlen Morgens, an dem es noch stärker regnete, als Insel auf. In der folgenden Nacht standen alle Mitarbeiter in Schlafanzügen und Nachthemden auf allen möglichen Tischen und mußten gerettet werden, weil der Pegel ständig stieg und keiner schwimmen konnte. Der Wagen, der sie abholen sollte, blieb im Wasser stecken und mußte am nächsten Tag mit einem Traktor herausgezogen werden. Ständig blieben Autos in dem schwarzen Lavaboden und in dem klebrigen roten Lehm stecken, und alles war überschwemmt.

Es war unmöglich, Krebse zu fangen, jetzt da der Mittlere Stausee zu groß geworden war und unablässig vom Großen Stausee gespeist wurde. Nach weiteren Regengüssen, die unzählige Rinnsale erzeugten, floß das unaufhörlich überlaufende Wasser zu einem ohrenbetäubend tosenden grauen Fluß zusammen, der durch das Tal Maji ya Nyoka wogte. Afrika kennt keine Zwischentöne: entweder Dürre oder Überschwemmungen, Leben oder Tod, es ist das Land der Gegensätze.

Alle unsere Regenauffangbecken waren so voll wie seit Jahren nicht mehr. Unsere Stauseen waren nicht wiederzuerkennen.

Der Rote Stausee, der Schwarze Stausee, der Nagiri-Stausee und der Ngobitu-Stausee waren voller denn je. Und der Mutamayo-Stausee, der Nandi-Stausee, der Enghelesha-Stausee, der Corner-Stausee, der Luoniek-Stausee, der Ol Morani-Stausee, der Kudu-Stausee und der Stausee Ya Furu hatten die Straßen überschwemmt, überall waren neue Inseln entstanden, Wasser floß in die *lelechwa*, Wasserböcke standen verwirrt an den überfluteten Ufern. Sogar die Wasserlöcher waren riesig.

Die Küche in Kuti war überschwemmt. Simon watete knöcheltief und barfuß durch das schlammige Wasser und rollte unbeirrt und stilvoll Croissants.

In Nairobi wurde es wegen des dichten Nebels schwierig, mit dem Flugzeug zu starten und zu landen, und häufig wurde der Flugplatz Wilson stundenlang geschlossen.

So war die Situation am Morgen des 14. Juni.

Ich war um 12 Uhr mittags mit unserem Piloten und

Wildhüter Benjamin Woodley gestartet, der gekommen war, um mich abzuholen. Die Wolken hingen tief, ein grauer undurchdringlicher Vorhang über den Aberdares. Wir umflogen die Wolken, gerieten dabei zu weit nach Süden und kamen ein gutes Stück von unserem Nordwestkurs ab. Wir flogen sehr niedrig, ohne Schatten, über Herden von Ziegen, die wie braune und weiße Samenkörner, die eine flinke Hand über die flache Savanne ausstreut, in alle Richtungen auseinanderstoben. Massai-Hirten, in rote Decken gehüllt, blickten nach oben, auf ihre Speere gelehnt, so nahe, daß ich die Farbe ihrer Perlen und die Knoten ihrer *rungus* sehen konnte, und als ich neben den Rindern Giraffen und Zebras entdeckte, wußte ich, daß wir weit über den Longonot-Krater hinaus waren. Wir kreisten und kreisten, zunächst tiefer, dann höher, und versuchten eine Öffnung in der Barriere über uns zu entdecken. Doch der Himmel wirkte bedrohlich, undurchdringlich verschlossen.

Schließlich flogen wir über den Wolken, so hoch, daß meine Fingerspitzen benommen und mein Kopf federleicht wurden, daß meine Augen von dem grellweißen Widerschein des Wolkengespinstes und von der Sonne geblendet wurden, zu nahe und zu erhaben, um sich um uns kleine verwegene Insekten zu scheren. Ich fühlte mich bedeutungslos und verletzlich, wie ich hier in einer von Menschenhand geschaffenen Flugmaschine schwebte, die es in ihrer Unzulänglichkeit niemals mit solchen Mächten aufnehmen konnte.

Dennoch schafften wir es. Benjamin, erfahren und besonnen, fand schließlich ein Loch in dem Baldachin und ging runter, tauchte durch den Himmel wie ein Fisch in den tiefsten Ozean, fand eine Lücke durch die Klippen des »Höllentores«, und wir flogen sehr niedrig über die Siphons von heißem, qualmendem Schwefel. Dort im Gras lagen einige sehr große Büffel, die zu uns emporblickten; Wasserböcke und Elenantilopen, Giraffen und Zebras. Vor uns schimmerte der Naivashasee; ein blasses Gelb, das von den Wolken reflektierte, kündigte einen zögerlichen Sonnenschein an, und wir steuerten darauf zu, vorbei am Ol Bolossad, den Steilhang hinauf.

Weit rechts ließen wir das dunkle Wanjohi-Gebiet mit seinen tiefen *igenia-* und Bambuswäldern liegen, gewitterschwarz.

Ich blickte nach vorn auf die vertrauten Hügel des Great Rift, Enghelesha, Kutwa, Mugongo ya Ngurue. Es war das Laikipia-Plateau, und mit unendlicher Erleichterung wußte ich, daß wir in Sicherheit waren.

Zur gleichen Zeit verschwand unser Freund Sandy Field irgendwo mit seiner Cessna 172 für immer, vielleicht im Bambus- und Zedernwald, vielleicht stürzte er über den Wasserfällen ab, wo ihn niemals ein Mensch finden würde.

Sandy Field war ein Abenteurer, ein Mann mit Charisma, er war ein tapferer Soldat und ein tüchtiger Verwalter. Als junger Mann war er im Sudan gewesen, und er sprach fließend viele regionale Sprachen. Er galt als mutiger Großwildjäger, fühlte sich jedoch auch bei gesellschaftlichen Ereignissen sehr wohl, war eloquent, besaß ein erstaunliches Gedächtnis und verfügte über ein gewaltiges Repertoire an Zitaten und Gedichten. Altmodisch, kultiviert, elegant, schlank und weißhaarig, mit einem gewitzten Lächeln, war er ein wunderbarer alter Gentleman, unterhaltsam und ein angenehmer Gesellschafter.

Obwohl bereits über Siebzig, flog er nach wie vor überall mit seinem kleinen Flugzeug hin; er galt als umsichtiger, erfahrener Pilot.

Da ich auf der Ranch in Laikipia kein Telefon hatte und auch einige Tage nicht mehr ins Laikipia-Funknetz hineingehört hatte, erreichte mich die Nachricht nicht, und ich hatte keine Ahnung, was passiert war. Ich erfuhr es erst Tage später, als ich nach Nairobi flog, wo ich am Flugplatz Wilson frühmorgens eine Gruppe Freunde aus dem Hochland sah, wie sie an ihrer Maschine lehnten, mit dampfenden Tassen in der Hand, unrasiert, schweigend, und erschöpft Sandwiches aus einer Dose aßen, die auf einem Flügel neben aufgeschlagenen Karten stand.

»Macht ihr ein Frühstückspicknick? Was ist los?«

Die Frage hing in der Luft, und Will antwortete: »Wir suchen nach Sandy.«

»Sandy?«

»Er ist letzten Freitag von Wilson nach Nanyuki gestartet und nicht dort angekommen. Jeder, der ein Flugzeug hat, ist auf der Suche nach ihm. Wir haben das Gebiet in Abschnitte unterteilt. Es wird ein hartes Stück Arbeit werden, aber wir wollen ihn finden.«

Doch die Suche gestaltete sich noch schwieriger, als wir geahnt hatten.

In beinahe jedem anderen Land wäre es wohl Sache der Behörden gewesen, eine vermißte Person zu suchen, die mit einem Flugzeug verschwunden ist. Nicht so in Kenia. Hier setzte sich wieder einmal die Solidarität und Freundschaft durch, die die Menschen im Hochland miteinander verbindet, und jeder, der ein Flugzeug hatte oder es sich leisten konnte, eins zu mieten, machte sich auf die Suche nach Sandy.

Auch ich wollte mich beteiligen. Ich mochte Sandy sehr. Ich bewunderte seine Klugheit, seinen wachen Verstand und seinen Witz. Wie sein Freund Wilfred Thesiger war Sandy einer der wenigen noch verbliebenen Veteranen längst vergangener Zeit, mit der Seele eines Dichters und den Manieren eines Gentlemans. Kultiviert, liebenswürdig, wortgewandt, war er ein Gewinn für jede Party, er verströmte Vornehmheit und Humor. Sein Verschwinden brachte uns völlig durcheinander.

Wir suchten tage- und wochenlang. Wir flogen auch dann noch, als alle anderen die Hoffnung bereits aufgegeben hatten, ihn jemals zu finden. Ich starrte hinunter auf versteckte Täler, auf steile Felswände, auf dichte Bambus- und Zedernwälder in der Hoffnung, ein Lebenszeichen zu finden. Vergeblich.

Die wildesten Gerüchte, die abenteuerlichsten Vermutungen tauchten auf und legten sich wieder. Sandy war nach Tansania geflogen; er war im Naivashasee verschwunden; auf dem Mount Kenia abgestürzt; am Leben, in Äthiopien; das letzte Wort, bevor der Funkkontakt abriß, war »Abessinien« gewesen; wir würden ihn lebend auf dem Berg Meru finden, wo er unter einem Flügel seiner Maschine campen würde ...

Im Zuge der Suche nach ihm fand man auf dem Grund des Naivashasees eine alte Propellermaschine, deren Verschwinden niemals registriert worden war, illegale Holzkohleproduktionen wurden entdeckt und das Fällen der seltenen, schönen Igenia in unberührten Wäldern, aber keine Spur von Sandy.

Wir suchten vom Flugzeug aus jeden Spalt der Berge ab. Und dann behauptete ein Wahrsager aus Europa, daß Sandy in eine bestimmte Schlucht in den Aberdares gestürzt war, neben dem Wanjohi-Tal, und um unser Gewissen zu beruhigen, beschlossen wir, auch dort nachzusehen.

Aidan und ich brachen an einem dunklen Morgen Ende Juni bei Sonnenaufgang von Laikipia auf und fuhren über Schlammpisten grüne Hügel und Berge hinauf. Am Eingang des Nationalparks nahmen wir einen Ranger mit. Wie sich herausstellte, war der junge Mann vom Tugen-Stamm in Enghelesha, in bester körperlicher Verfassung, ausgerüstet mit Rucksack und Zelt und mit einer schicken Uniform. Wir blieben ein paarmal im Schlamm stecken, sammelten Zweige, die wir unter die Räder legten, und entdeckten zu unserer Überraschung etliche Löwen- und Hyänenfährten. Ich fragte mich, wovon sie sich in den Bergen ernährten, denn es deutete so gut wie nichts darauf hin, daß es hier Böcke gab. Löwen sind keine dort heimische Tierart, sondern erst vor relativ kurzer Zeit in den Aberdares eingeführt worden, und das hat zu einer ökologischen Katastrophe geführt. Mit den Jahren haben sie sich immens vermehrt und mittlerweile fast den gesamten Bestand an Bongo-Antilopen ausgemerzt. Diese seltenen und scheuen Tiere ernähren sich von Moos, das auf den in die kühlen feuchten Abhänge herabgefallenen Bäumen wächst. In jüngster Zeit sollen die Löwen – vom Hunger getrieben – auch Menschen angegriffen und getötet haben. Ich wußte, daß ein Programm in Arbeit war, mit dem ihre Anzahl kontrolliert werden sollte.

Schließlich erreichten wir den in Nebel gehüllten Gipfel, von wo wir jedesmal, wenn sich die Wolkendecke öffnete, einen Blick auf eine atemberaubende Landschaft hatten. Bei Sonnenuntergang schlugen wir das Lager auf, mitten auf dem Weg, da die Vegetation an den Seiten undurchdringlich war. Bald setzte Nieselregen ein, der zu einem gewaltigen Schauer wurde, das Zelt war völlig durchnäßt, und die Matratze schwamm in zentimetertiefem, kaltem Wasser. Wir konnten mit dem nassen Holz kein Lagerfeuer machen, doch ich hatte zum Glück einen Campinggaskocher mitgenommen, so daß wir uns mit heißer Suppe und Eintopf stärken konnten, und wir schliefen überraschend gut.

Am Morgen begannen wir mit der Suche in den Bergspalten, an den Abhängen, in den Bambusdickichten. Doch ohne Erfolg, und als wir abends zurückkehrten, waren wir überzeugt, daß Sandy niemals gefunden werden würde.

Der Bambus, so wußten wir, mußte sich mittlerweile

über dem Flugzeug geschlossen haben, denn er wuchs in wenigen Tagen sehr hoch; die Maschine wäre für immer unsichtbar versteckt.

Jeder wußte, daß es im Wald von wilden Tieren wimmelte, und Hyänen kennen nun mal bei Verwundeten und Geschwächten keine Gnade. Wir hofften, daß Sandy einen schnellen Tod gefunden hatte und in dem unbekannten Waldgrab in Frieden ruhen würde.

In absentia cadaveris wurde in der Kirche von Nanyuki ein Gedenkgottesdienst abgehalten. Die Kirche war mit kunstvollen Blumenarrangements geschmückt, die von den geschickten Damen des Gartenclubs angefertigt worden waren. Es hatten sich die gleichen Leute eingefunden, die man auf Hochzeiten und Beerdigungen sieht, bei der feierlichen Parade in Nanyuki, wenn irgendein schottisches Bataillon, festlich in Kilts gekleidet, prunkvoll durch die Straßen marschiert, bei Polospielen des North Kenya Polo Club. Jeder kannte jeden, alle Männer trugen identische blaue Blazer über schlechtsitzenden Hosen, die Frauen alle möglichen Kleider und blumengeschmückte Hüte. Sie waren alte Siedler, Farmer und Wildhüter im Ruhestand, Veteranen und, endlich sichtbar, die gesichtslosen Stimmen im Laikipia-Funknetz.

Sandys Freunde hielten ergreifende Gedenkreden, wie beispielsweise Tony Dyer, Pilot und ein Altersgenosse von Sandy, und nur wenige Augen blieben trocken. Alle waren wir der traurigen Ansicht, daß wir nie erfahren würden, wo Sandy lag.

Doch wir irrten.

Die Honigsucher fanden ihn.

Sie waren in den waldigen Hängen unterwegs gewesen und hatten Bienen aus alten Olivenbäumen in der Nähe der Bambushaine ausgeräuchert. Sie hörten, wie der Donner die Erde traf und wie danach der Boden erbebte. Sie liefen in die Richtung, zunächst noch vorsichtig, und dann sahen sie ihn, den weißen Metallvogel, der aus den Wolken fiel und hilflos zerschellte, eine verwundete Möwe, die durch das hohe grüne Laub sank, wie ein Boot auf dem Meer.

Sie starrten eine Weile atemlos darauf, um zu sehen, was passieren würde, was für ein Wesen aus dem zertrümmerten Wrack auftauchen würde. Doch nichts als Stille und das Plätschern von Wasser, das aus dem Bambusdickicht floß.

Bei dem Aufprall war Sandys Leben aus seinem Körper gewichen, und es gesellte sich zu dem, was immer war und immer sein wird. Über den rotschwarzen Wolken des Great Rift Valley segelte er an den moosbewachsenen Wasserfallklippen entlang, über die stillen Seen, geschmückt mit Flamingos, die Berghänge hinauf und über die Täler und die Savanne, er ritt auf den langen Hälsen der Giraffen, die in Zeitlupe über die Ebenen galoppierten, oder inmitten von trompetenden Elefanten im Staub, hinauf ins blendende Licht der Äquatorsonne, wie ein Schmetterling, der endlich aus seinem Kokon schlüpft. Sandys Energie war nun befreit von seinem Körper, sie zerbarst und verschmolz mit dem Ganzen.

Die Männer gingen vorsichtig näher, kletterten auf den Flügel und spähten hinein: Der *musungu* lag über dem Steuerknüppel, sie sahen das weiße Haar. Die Stirn ruhte auf dem Armaturenbrett, das zu tausend gläsernen Diamanten zersplittert war. Er sah aus, als würde er schlafen, aber die beiden Männer erkannten mit der Weisheit der Buschmänner an der Form des Halses, daß der weiße Mann sich nie wieder bewegen würde.

Es würde niemandem schaden, so dachten sie, wenn sie nach Dingen suchten, die er nicht mehr gebrauchen konnte – Kleidungsstücke, Uhr, Schuhe, vielleicht Geld? –, für die sie aber durchaus Verwendung hatten. Es war ein schlechtes Jahr gewesen; das Leben in den Bergen war hart. Die letzte Honigernte war mager ausgefallen, und wie es aussah, würde die nächste nicht besser werden. Warum sollten sie sich da nicht die Dinge nehmen, die auf dem Berg sonst ohnehin verrotten würden?

Es tat keinem weh, und keiner würde es je erfahren.

Sie schnitten den Sicherheitsgurt durch und zogen Sandy aus dem Flugzeug. Er war leicht. Sachte – es bestand keine Eile – legten sie ihn auf die Seite und durchsuchten ihn. Sie arbeiteten schnell, ohne ein Wort, nahmen alles, was sie finden konnten. Seine Brieftasche, seine gesamte Kleidung, seine Schuhe. Anschließend deckten sie das Flugzeugwrack mit Zweigen ab, damit es vom Himmel aus nicht zu sehen war, denn auch sie wußten, daß es eine Suche geben würde. Je später das Wrack entdeckt wurde, desto größer war ihre Chance, daß sie nicht gefunden wurden. Die Tiere des Waldes würden kommen. Hyänen suchten stets nachts die Wildpfade ab, mit ihrem seltsam gekrümmten Gang, auf der Suche nach Nahrung. Es würde leicht gehen, schnell. Der Wald würde den *musungu* verschlucken, wie er jetzt sie verschluckte, dicht, undurchdringlich, Hüter von Geheimnissen. Glücklich liefen sie schwer beladen davon, vergaßen die Honigsuche für heute, um die reiche Beute an einem sicheren Ort zu teilen.

Aber es waren nicht die Hyänen.

Als die Dunkelheit mit ihrem Nebelmantel und Nieselregen hoch oben in die Berge kam und die Nachtfrösche zu einem lebendigen Chor erwachten, verließ der alte Leopard seine Höhle unter dem Felsblock, die mit Farn und wilden Feigen verhängt war.

Der Leopard schnüffelte in der Luft und bewegte sich langsam und sicher durch das Unterholz auf die weiße, fremde Gestalt im Bambus zu.

Und es war der Leopard, der Sandy zu dem hohen Baum trug.

Monate später berichteten die Waldmänner, nachdem sie von der für Sandys Entdeckung ausgesetzten Belohnung erfuhren hatten, in der nächstgelegenen Forststation von ihrer Entdeckung. Eine Gruppe von Freunden flog mit einem von Halvor Astrup geliehenen Hubschrauber sofort zu der angegebenen Stelle, wo kein Flugzeug und kein Auto je hätte hingelangen können. Ein paar weiße Haare auf dem Armaturenbrett und der durchgeschnittene Sicherheitsgurt sprachen Bände. Ebenso die Leopardenspur um das Flugzeug herum.

Jetzt lebt Sandy in einem Bergleoparden hoch in den Bergen. In einem starken, glänzenden Leoparden, und die Vorstellung hätte ihm ganz sicher gefallen.

Die Straße nach Rubu

> Wir werden nicht nachlassen in unserem Forschen.
> Und das Ende unseres Forschens
> Ist, an den Ausgangspunkt zu kommen
> Und zum erstenmal den Ort zu erkennen.
>
> T. S. ELIOT, *Little Gidding*

In einem Sommer vor nicht allzu langer Zeit beschlossen Aidan, Sveva und ich, den Norden von Kiwayu zu erkunden. Wir kauften einen gebrauchten Landrover, der alt genug war, um die *shiftah*[1] nicht in Versuchung zu führen, aber noch in einem so guten Zustand, daß er uns samt Gepäck und unserer neuen Campingausrüstung sicher beförderte. Aidan hatte auch ein Boot besorgt, ein stabiles weißes Plexiglas-Dingi mit einem Sonnensegel, einem zuverlässigen Motor und als Ersatz den, der früher einmal Paolo gehört hatte und der all die Jahre zu Hause in Kuti in einem Schuppen darauf gewartet hatte, endlich wieder das vertraute Wasser zu spüren.

Wir hatten vor, nördlich von Kiwayu über die zuge-

---

1 Banditen aus Somalia oder Äthiopien

wachsenen Pisten nach Rubu zu fahren, an die Nordküste Kenias nicht weit von der Grenze zu Somalia, bei der Grenzstadt Kiunga. In diese Gegend hatte sich seit mehr als einer Generation keine Menschenseele mehr gewagt, weil dort Banditen ihr Unwesen trieben.

Ich war im Sommer 1973 schon einmal dort gewesen, mit Paolo. Wir waren beide jung und frisch verliebt und hatten den Drang verspürt, entlegene Gegenden des Landes zu erkunden, das wir eben erst zu unserer neuen Heimat erkoren hatten; wir waren mit dem Auto und einem Schlauchboot nach Norden gefahren und hatten zwei traumhafte Wochen am Strand von Mkokoni gezeltet.

Auf dem Weg dorthin waren wir durch karges, unberührtes Land gefahren, hatten wilde Tiere gesehen, kleine muslimische Dörfer besucht und mit den Menschen Freundschaft geschlossen. Glücklich waren wir mit dem Boot durch die Kanäle gefahren, hatten steile überwucherte Hänge überwunden, auf den mit Seegras bewachsenen Dünen Tiere beobachtet und über das seltene Glück gestaunt, daß es noch soviel jungfräuliches, unverdorbenes Land zu entdecken gab, das, so meinten wir, nur für uns da war.

Somit war es in gewisser Weise eine Reise in die Vergangenheit, als ich dreiundzwanzig Jahre später wieder dort war und feststellte, daß sich nur wenig verändert hatte. Die Elefanten waren allerdings nicht mehr da, die damals bis zum Bauch in den Tidetümpeln gestanden hatten, und die blauen Seerosen waren ausgestorben. Aber dafür entdeckten wir gleich am ersten Tag einen Gepard, einige Kudus und Dik-Diks neben den Pisten.

Wir fuhren zunächst nach Mkokoni und suchten Mote, den Fischer, den Paolo und ich in diesem längst vergangenen Sommer vor mehr als zwanzig Jahren angeheuert hatten.

Er war damals ein junger, flinker Mann gewesen, der die Fische in den Untiefen rasch entdeckte und sein Boot behende durch das Labyrinth der von Mangroven gesäumten Kanäle steuerte, wo er jede Biegung kannte. In den zwei Wochen, die er mit uns zusammen war, hatten wir gemeinsam Abenteuer erlebt, und er hatte sich und all sein Können mit unerschöpflicher Großzügigkeit in den Dienst dieser beiden jungen *wasungu* gestellt, der ersten überhaupt, die den weiten Weg durch gefährliches und unberührtes Land auf sich genommen hatten und geblieben waren.

Ich hatte ihn nie vergessen und ihn zuletzt Ende der siebziger Jahre gesehen, als an der Küste ein exklusives Safaridorf für anspruchsvolle Touristen gebaut worden war und ich mit Emanuele in den Ferien dorthin gefahren war, um einige meiner Erinnerungen wiederzufinden, und ihn. Emanuele hatte begeistert Kaurischnecken gesammelt, und Mote hatte sich prompt angeboten, mit ihm und zwei Fischern seiner Crew in seinem *maho*[2] bei Flut

---

2 Kleine Version eines *daho;* traditionelles hölzernes Segelboot der Fischer an der Nordküste

hinaus aufs Meer zu segeln und auf die Ebbe zu warten, bis die Molluskenbänke in der Oyster Bay zum Vorschein kamen. Dort konnte man mit etwas Glück eine *Cipraea Vitellum* oder vielleicht ein *Caput Serpentis* finde, sehr zur Freude meines Sohnes.

Seitdem hatte ich Mote nicht wiedergesehen, und ich war mir nicht sicher, ob er noch am Leben war. Schließlich waren Paolo und Emanuele gestorben, ausgelöscht von einem gleichgültigen Schicksal, und das Leben eines Fischers im Indischen Ozean ist gewöhnlich nicht von langer Dauer: Motes Bruder war von einem Hai gefressen worden, während er Hummer jagte.

Aber Mote war noch da. Er kam vom Strand, wo er gefischt hatte. Er trug einen Lendenschurz, hielt einen lebenden schimmernden Hummer in der Hand, war noch tropfnaß und näherte sich mit dem leichten Schritt, den ich in Erinnerung hatte. Er hatte ein kleines verschrumpeltes Gesicht und den schmächtigen Körper eines alten Kindes. Er blickte uns forschend an, und fast augenblicklich erhellte sich sein Gesicht zu einem freudigen Grinsen.

Die Jahre rannen wie Sand durch das Stundenglas seiner Erinnerung, und ich wußte, daß er mich wiedererkannt hatte: »*Allah Hakbar! Mama Kuki! Kwisha rudi! Leo mimi nafra. Nashukrani kubwa sana kwa Mungu.*« (Gott sei gepriesen. Mama Kuki ist wieder da. Ich freue mich und danke Gott.)

Er sprach die Worte mit hoher Stimme, jubelnd, und seine Rufe lockten bald das halbe Dorf herbei. Sein Bruder Haji kam aus dem Haus, mit Bart, älter wirkend, dikker, grauer, würdevoll, keine Ähnlichkeit mit Mote: Hatte eine andere Frau das vollbracht, fragte ich mich?

Bajuni-Kinder und schöne Frauen tauchten auf, farbenfroh und elegant, und begrüßten uns. Bald darauf saßen wir im Schatten von Motes Haus, auf dem Swahili-Bett aus Dumpalmenblättern, und bekamen *tangawezi chai*[3] angeboten, ohne Milch. Wir wurden willkommen geheißen, wie es in dieser strengen muslimischen Gemeinde Tradition ist, indem man uns Schutz, zu trinken und zu essen anbot. Kleine, süße gelbe Maiskolben wurden uns serviert, während wir von unserer Safari und unseren Plänen erzählten. Ein junger Mann aus dem Dorf wurde uns zur Verfügung gestellt, und unser Boot, das wir auf einem Anhänger hatten, wurde allseits begutachtet und für gut befunden.

Wir brauchten drei Tage bis Rubu.

Das Dorf war vor über zwanzig Jahren verlassen worden, da die Einwohner wegen der ständigen Überfälle durch *shiftah* aus dem benachbarten Somalia nicht länger dort leben konnten.

Die Piste war überwuchert von Lianen, afrikanischem Hanf und dornigen Akazienbüschen, die tiefe Rillen in die Karosserie des Wagens kratzten, uns wie mit Widerhaken festhalten wollten. Doch Aidan ließ sich nicht beirren, und zusammen mit Mote, Ali, dem Bootsmann, unserem jungen Helfer aus dem Dorf sowie den Fahrern, die wir mitgenommen hatten, gelang es uns, eine so große Bre-

---

3 Ingwertee

sche zu schlagen, daß der Wagen langsam weiterkam. Wir kampierten mitten auf der Spur, an den Büschen befestigten wir unsere Moskitonetze und spannten sie über unsere Matratzen, denn die Vegetation war so dicht, daß für die Zelte nicht genug Platz war.

Ausgeblichene Knochen eines alten Elefanten markierten die Stelle unter fünf großen Affenbrotbäumen, wo einst der Eingang von Rubu gewesen war. Die Ruine einer Moschee aus Korallenfelsen stand zum Teil noch. Vereinzelte Reste von porösen Korallenblöcken wiesen darauf hin, wo die Häuser einst gestanden hatten, daneben zerfallene Brunnen aus gelbem Sand und Kalk. Hinter einer Düne entdeckten wir einige ovale Grabsteine, in die arabische Inschriften aus dem Koran graviert waren, gesäumt von blauen Lilien, die Ruhestätte der Toten. Eine flache *jabia* schien noch funktionstüchtig zu sein, ein geniales, traditionelles Mittel, Regenwasser als Trinkwasser zu sammeln.

Überall wuchsen Wolfsmilch und Hanf, und der schmale Streifen grauer Strand, den die Mangroven offengelassen hatten, war mit Scherben zerbrochener Tongefäße, blau und weiß, grün und kastanienbraun, übersät, dazwischen lagen perlfarbene Nautilusschalen und alte Elefantenzähne, gelb vom Alter und vom Salzwasser: die einzigen Überreste einer Menschenansiedlung, schon jetzt so verwittert wie jahrtausendealte archäologische Ruinen. In weiter Ferne, jenseits der Bucht, lag eine langgestreckte Insel, der Indische Ozean schimmerte, brach sich in weißer Gischt an den Korallenriffen.

Wir machten eine Stelle hinter den Sanddünen frei, wo wir unsere Zelte aufschlugen.

Am nächsten Tag ließen wir singend das Boot zu Wasser, und von der Insel kamen Fischer in ihren *dahos*, um uns zu begrüßen, schenkten uns Hummer und Fische und fuhren erneut singend und trommelnd im Abendlicht davon.

An der Küste von Rubu schien die Zeit stillzustehen, vor der langen Insel, die ihren Namen verändert, je nachdem, welches Dorf am Ufer liegt. Es war eine friedliche und harmonische Zeit, in der wir die unberührten Ufer erkundeten, wo muslimische Traditionen die Menschen vor der Verschmutzung durch sogenannten Fortschritt bewahrt hatten und das Leben sich nach wie vor nach alten Rhythmen und Bräuchen entfaltete.

Die Frauen waren klein, anmutig, schlank wie junge Mädchen, sie trugen leuchtende *kangas*, das Haar in vielen Zöpfen zu hübschen, akkuraten Mustern geflochten, die Ohren mit roten Steinen geschmückt, an den dünnen Armen Reife, die kleinen Hände und Füße mit Blumenmotiven aus Henna bemalt, manche hatten in die Nasenwand einen funkelnden Rubin gesteckt, und an ihren Röcken hielten sich barfüßige Kinder fest.

Die Bajuni-Frauen bedeckten, wie die arabischen Frauen in Lamu oder Malinda, weder Gesicht noch Kopf, und ich habe nie gesehen, daß sie einen *buibui* trugen, den schwarzen fließenden nonnenhaften Überwurf der streng muslimischen Damen an der Küste.

Sie schauten uns aus dem Schatten ihrer Haustüren an,

erwiderten scheu unsere Grüße mit Singsangstimme; neben ihnen standen kleine Mädchen mit lockigem Haar, in verblichenen Kleidern im europäischen Stil, die ein paar Nummern zu groß waren, und betrachteten mit leuchtenden Augen voller Neugier unser fremdländisches Aussehen, jede Einzelheit unserer Kleidung und unserer Haare.

Ich wußte bereits aus Erfahrung, wie man in Afrika in den entlegenen Dörfern von diesen jungen Augen gemustert wird, wenn sich eine Schar schweigender, beobachtender Kinder nähert. Von Neugier überwältigt brechen sie ihre üblichen Spiele im dunklen Häuserschatten ab, versammeln sich ein Stück entfernt und kommen schließlich ganz nah ans Auto, berühren es fast, und dort bleiben sie stehen, Mädchen und Jungen getrennt, barfuß, schlank, und starren wortlos, reden nicht einmal miteinander, saugen alles in sich auf, nehmen die fremden Lebewesen genauestens in Augenschein.

Wir unternahmen lange Fahrten mit dem Boot um die Inseln herum, winkten, wenn wir Fischern begegneten, die mit ihren *dahos* schräg die Wellen durchschnitten, biblische Gestalten in langen *shukas*, die Turbane vom Monsun gelöst. Wir glitten an steilen Klippen entlang, die mit Lianen und wilden Aloen und Hanf behangen waren, und gelegentlich tauchten Affenbrotbäume urplötzlich silbern und majestätisch im Unterholz auf; wir entdeckten imposante Skulpturen aus Treibholz an den Stränden, geformt durch die endlose Phantasie langer Wellen, und einmal hockte ein großer Leguan bedenklich nah am Rand eines Felsens, auf einem über den Meeresarm ragenden Ast, mit zuckender, schwarzer Zunge und glasigen, ausdruckslosen Augen. Eine prähistorische Begegnung. In der Abenddämmerung übernahmen Horden von Affen die Macht, die mit unaufhörlichem Geschnatter zwischen den Zweigen der Affenbrotbäume am Strand umhersprangen, wo kleine schwarze Krabben mit großen orangefarbenen Krallen wie nach einer Tanzchoreographie zurück in ihre Löcher trippelten. Mit einem alten rostigen Hammer ernteten wir Austern und aßen sie an Ort und Stelle, bis zum Bauch in den Tidetümpeln stehend, preßten eine Limone aus und tropften deren Saft auf das perlfarbene Fleisch. Wir gingen mit Mote fischen, wie ich es einmal mit Paolo getan hatte, und fingen dieselbe Art kleiner runder Fische, silberrosa, mit einem schwarzen Fleck an der Seite, die Mote für uns am Strand auf einem primitiven Mangrovenzweigspieß grillte, und wir aßen sie mit bloßen Händen, mit Haut und allem.

Wenn wir abends mit dem Boot fischen gingen, fingen wir manchmal einen großen roten Schnapper, und Aidan freute sich dann wie ein Kind, ein liebenswerter, charmanter Zug bei diesem erfahrenen Mann. Wir brieten sie ganz, mit Gewürzen, Limonensaft und Knoblauch. Unser Camp war einfach wunderbar, mit großen, offenen Küchenzelten, wie Veranden, und zwei Lamu-Betten als Sofas, die Motes Bruder in unserem Auftrag hergestellt und uns viel zu teuer verkauft hatte.

Es war sehr heiß, doch abends wehte ein leichter Wind, der Mond ging auf und schuf seltsame Schatten. Wir waren fröhlich.

In jenen glücklichen und einfachen Tagen, weit weg vom Lärm und von den Sorgen einer fernen Welt, entstand allmählich die Idee, uns hier in der Gegend einen Zufluchtsort zu suchen, wo wir im Laufe eines anstrengenden Jahres hinfahren und uns erholen konnten. Als Ausgleich dafür wollten wir etwas auf die Beine stellen, wovon die Menschen dort profitierten. Etwas, das mit unseren Überzeugungen in Einklang stand, zum Schutz der Umwelt und zur Verbesserung der Lebensverhältnisse der Bewohner.

Wir knüpften Kontakte.

Und so kam der Tag, an dem die historische Begegnung mit den *wazee* stattfand, die eine lange Reise auf sich genommen hatten, um sich unsere Vorschläge anzuhören.

Sie kamen vom Strand, von den Wegen, die mit Seetrauben überwuchert waren. Sie hatten durch die Trommeln der Fischer erfahren, daß die alte Straße nach Rubu wieder befahrbar gemacht worden war, von irgendwelchen verrückten *wasungu*, die durch die Lüfte flogen, die aber diese Stelle mit dem Wagen über dorniges, rauhes Land erreicht und am Strand ihr Lager aufgeschlagen hatten, neben der Mangrovenbucht, unterhalb der Ruinen des Hauses, das einst Mohamed Mussa gehört hatte.

Die Nachricht verbreitete sich nachts durch rhythmisches Trommeln und Gesang. Über die Mangrovenwälder und Dumpalmenhaine, durch die hohen Tamarindenbäume und über die mit grünen Kriechpflanzen bedeckten Korallenfelsen, zu den winzigen Dörfern zwischen Kiwayu und Kiunga, bis hin nach Mkowe, durch die Camps der

Fischer auf der Insel. Überall lauschten die Menschen und hörten von der seltsamen und ungewöhnlichen Begebenheit.

Sie wußten, daß wir mit Mote reisten, *mzee* Mote aus Mkokoni, und daß wir Hajis Sohn Ali als Bootsmann angeheuert hatten. Manche hatten es bereits erfahren, als sie nach der arabischen Schreibweise des Wortes »Rubu« gefragt wurden, das in Ozeanblau auf die weiße Wand des Bootes gemalt werden sollte. Und von Mkokoni bis zum Dorf Kiwayu konnte jeder sehen, wie Mote vor freudiger Erwartung strahlte und sich immer wichtiger fühlte, weil er mit uns zusammenarbeitete. Schon allein sein Verhalten hatte ihnen verraten, daß etwas aufregend Neues bevorstand. Wer waren diese *wasungu?*

Jeder weiß, daß *wasungu* ein wenig verrückt sind: Sie können in Betten schlafen und es sich zu Hause gemütlich machen, doch manchmal nehmen sie unbegreifliche Strapazen auf sich, marschieren meilenweit in der Sonne hinter Kamelen her, ohne zwingenden Grund, oder sie schlafen im Freien unter einem Moskitonetz in Gegenden, wo es von Löwen nur so wimmelt, und kommen den weiten Weg in diese gottverlassene Gegend, weit entfernt von Mensch und Zivilisation, ohne Wasser, ohne elektrisches Licht, ohne ein *duka* im Umkreis von hundert Meilen, ja sogar ohne eine Straße, auf der sie dorthin gelangen können. Und wozu?

Ich vermute, daß sie es kaum erwarten konnten, den Grund dafür zu erfahren, und daß sie leicht beunruhigt waren, weil sie sich sagten, daß wir uns die ganze Mühe wohl nicht machen würden, wenn wir nicht irgend etwas mit Rubu im Schilde führten: Sie wollten mit ihrer Anwesenheit zeigen, daß sie ältere Rechte an dem Ort hatten, daß es ihnen nicht gleichgültig war, was da vor sich ging, obwohl seit dreißig Jahren niemand Anstalten gemacht hatte, einen *panga* zu ergreifen und mit anderen zusammen die alte Straße von der wuchernden Vegetation zu befreien und die etwa fünfzehn Meilen durch das Tsetsefliegenland nach Rubu zurückzugehen. Jetzt war die Straße wieder frei, und der Bann war gebrochen.

Jeden Morgen wurden alle möglichen Spekulationen geboren, die mit jedem Sonnenuntergang starben, um bei Sonnenaufgang wiedergeboren und den ganzen Tag lang erörtert zu werden. Hier jedoch würden sie alles direkt von uns erfahren.

Aidan war die Ankunft der weisen Männer angekündigt worden, und so war er nach Kiunga gefahren, um Häuptling Jamal, seinen Stellvertreter und den Bezirksbeamten zu holen.

Ich servierte allen Bajuni-Tee und Kekse, unter dem mit blauen und türkisfarbenen *kangas* geschmückten Vorzelt, und dann versammelte man sich unter einem Tamarindenbaum unter der *jabia*. Nach kurzem Zögern lehnte ich Aidans Einladung ab, mich dazuzusetzen, da ich wußte, daß meine Gegenwart die Muslime unter ihnen verwirrt und ihnen Unbehagen bereitet hätte und daß Frauen traditionsgemäß nur erschienen, wenn sie gerufen wurden. Ich war sicher, daß ich durch diesen instinktiven Respekt vor ihren Traditionen in ihrem Ansehen steigen würde, und das war vielversprechend. Und tatsächlich, kurz nachdem die Unterredung begonnen hatte, ließ man mich holen, und es war ein stolzer Schritt, auf ihre Bitte hin zu kommen, als wenn ich mich unaufgefordert in ihrem eigenen Land zu ihnen gesetzt hätte.

Die Versammlung wurde mit Gebeten zu Allah eröffnet. Dann hießen sie uns in ihrer Mitte willkommen und fragten, was sie für uns tun könnten. Sie waren positiv beeindruckt von unserer Entschlossenheit, die uns an diesen Ort gebracht hatte, und von unserem respektvollen Verhalten. Sie hatten gehört, daß wir uns in der Gegend umsahen, und wollten wissen, was wir vorhatten. Es waren nicht nur alte Männer unter ihnen, sondern auch noch recht junge, deren Weisheit ihnen die Würde von Älteren verliehen hatte. Sie saßen im Schneidersitz im Sand, trugen saubere, lange *kikois* und Hemden, bestickte muslimische Mützen, mit Ausnahme des Bezirksbeamten Mister Towett Maritim, der Christ war und aus Nandi stammte. Er war noch relativ jung und sehr sympathisch. Mit seiner schlanken Figur und seinem offenen, intelligenten Gesicht war er ein durch und durch positiver Mensch und eine geborene Führungspersönlichkeit. Er sprach ein exzellentes Swahili, wie sie alle, mit dem an der Küste typischen Singsangakzent, der äußerst angenehm klingt, genauso melodisch wie die Dialekte aller Fischer auf der ganzen Welt: ein steigender und ein fallender Ton, mit dem sie den Klang der Wellen übertönen und durchdringen, wenn sie einander von Boot zu Boot etwas zurufen.

Wir erzählten ihnen von unserer Liebe zu ihrem Land und von meinen Erinnerungen an alte Zeiten; wir schilderten unser hektisches Leben und unsere vielen Verpflichtungen zu Hause und erklärten unseren Wunsch, einen Ort der Ruhe und des Friedens zu finden, wo wir uns jederzeit ausruhen und entspannen könnten. Dann erläuterten wir unsere Absicht – falls sie mit unserem Vorschlag einverstanden wären –, als Gegenleistung für sie ihr Land wieder so aufzubauen, daß ihre alten Bräuche gewahrt und ihre Umwelt geschont werden würden.

Über die Köpfe der Ältesten hinweg sah ich zu Aidan hinüber: eine weitere Verpflichtung – das konnte ich in seinen Augen lesen –, als hätten wir nicht schon genug zu tun. Ja, *wasungu* sind verrückt, wieso sich die Mühe machen, praktisch wieder von vorn anzufangen, Pionierarbeit in einer Gegend zu leisten, die so weit von unserem vertrauten, bequemen Leben entfernt lag.

Doch sie lauschten mit großem Interesse. Wir bedeuteten für sie Hoffnung und Veränderung, Abenteuer und Herausforderung. Ihre Augen leuchteten auf, Allah wurde erneut angerufen, sie schüttelten uns immer wieder die Hand, sie sagten, wir sollten uns umschauen und ihnen dann konkrete Vorschläge unterbreiten.

Es nahm einige Zeit in Anspruch – wie alles, was von Bedeutung ist –, wiederholte Besuche, Briefe, Gespräche in dunklen Büros in der alten Stadt Lamu, unter Palmen in der staubigen Stadt Kiunga, in Banken unter Ventilatoren, die an Decken surrten, von denen der Putz abblätterte, und auf freien Feldern mit Manioksträuchern, wo wir landeten, um wieder einen von den Alten zu sprechen und uns seinen Segen geben zu lassen: die unvermeidliche Bürokratie, die Kehrseite der meisten Träume.

Doch schließlich hatten wir es praktisch geschafft. Dank meines Enthusiasmus und Aidans Beharrlichkeit, seiner Kenntnis der Regeln und seiner Fairneß.

Für mich war es die Krönung eines Traumes, den Paolo und ich so lange gehegt, aber nicht mehr hatten verwirklichen können: ein Stück Land an der Küste zu haben, mit einem Haus, das eine Augenweide ist. Irgendwo, wo die Wellen, die gegen das Riff schlagen, das letzte Geräusch am Abend und das erste am Morgen sind, ein rhythmischer, wogender Klang, wie das Klopfen eines großen Herzens.

Das Bild von Paolo kehrte immerzu wieder an diesem Ort, den er über alles geliebt hatte. In jenen zwei einsamen Wochen hatten wir nachts dem Gebrüll der Löwen gelauscht. Und über dem Geräusch der gegen das Riff schlagenden Wellen, das der *kaskazi*-Wind herübertrug, der von der sandigen, mit Akazien gesprenkelten Savanne jenseits der Affenbrotbäume kam, hatten wir manchmal schaudernd den mächtigen, tiefen Ruf gehört, der Afrika ausmacht.

Die Erinnerungen kamen mit der Flut in Rubu zurück, wenn ich am Strand innehielt, allein, um nachzudenken, wie Wellen, die auf dem grauen Sand zwischen die sprießenden Mangroven reichten.

Erinnerungen an Paolo.

Von allen Tieren Afrikas hatte er sich vor allem für Büffel begeistert.

Hier hatten wir eines Abends zu seiner großen Aufregung beobachtet, wie ein paar alte Männchen kamen, um sich die Schnauzen in dem halbsüßen Brackwasser zwischen den Mangroven anzufeuchten.

Paolo.

Wo war der Schatten auf den Dünen, der große, schlanke Schatten des Mannes, der gegangen war? Wieso hatten wir einander nicht Lebewohl sagen können? Das lange Warten, daß er nach Hause kam, seine Stimme am Telefon, geisterhaft, weit entfernt, und dann der Eindruck, daß die Schatten auf dem Rasen länger wurden, eine bedrohliche Dunkelheit, die mit der Dämmerung aufstieg, ein intuitiv erahntes Gefühl des Verlustes, der unerträgliche Schmerz, die erschreckende Qual bestürzter, erwarteter Einsamkeit, das Wissen, daß nichts je wieder so sein würde, wie es einmal war. Ich legte die Hände um meinen Bauch, spürte das Leben, das ich in mir trug, wußte, daß das andere Leben sich darin fortsetzte. Ich wußte, daß es kein Händchenhalten mehr geben würde, daß himmelblaue Augen, strahlend vor Leben und Begeisterung, nie wieder tief forschend in meine Augen blicken würden, auf der Suche nach Liebe und Selbstfindung.

»Leb wohl«, dachte ich, »mein Paolo, Paolo mit dem goldenen Haar, Paolo, der ritterliche Held.«

Und Paolo war gegangen, als seine Zeit gekommen war. Seine Zeit war gekommen, und niemand konnte etwas dagegen tun. Die Umstände, Verzögerungen, eine Vielzahl von Ereignissen, all das kam am Ende zusammen, führte Paolo an die Stelle, wo zur selben Zeit der gesichtslose Lastwagenfahrer, den das Schicksal auserwählt hatte, zur Hunter's Lodge abgebogen war. Und an der Hunter's Lodge traf Paolo, der Jäger, auf den Anhänger. Seine Zeit war gekommen.

Ich wußte es mit einem inneren Ruck, der mir den Atem nahm. Ein urplötzliches Aufkeuchen, als ob sein Geist, jäh aus dem Käfig des Körpers befreit – und somit grenzenlos, unabhängig von Zeit und Raum –, mit der gleichen Energie explodiert wäre, die er hatte, als er noch physisch anwesend war.

Und Paolo berührte mein Gesicht mit fingerlosen Händen, liebkoste meinen Bauch, in dem sein verborgenes Kind zusammengerollt lag und langsam zu dem blonden, strahlenden Paolo-Mädchen heranwuchs, das er niemals sehen würde.

Das Mädchen, das jetzt am Strand auf mich zugelaufen kam, mit langen Beinen, sonnengebräunt, lachend.

Erinnerungen.

Erinnerungen daran, wie wir bergauf laufen, bei Sonnenuntergang auf windgepeitschten Felsen sitzen, wenn die Brise kühl ist und Schauder von den Schultern nach unten laufen, und wir auf den See blicken, auf die blauen Cherengani-Berge, auf seltsam geformte Wolken, wie Drachen oder Fische. Wie wir bergab laufen, Hand in Hand, Auge in Auge, über Steine stolpern und lachen.

Erinnerungen an lange Nächte bei Musik, bei loderndem Feuer und endlosen Gesprächen.

An andere Hunde, die auf Teppichen schlafen, an andere Blumen, die in Vasen verwelken.

Erinnerungen an braune, warme Augen, intelligent und alt, obwohl noch so jung. Eine Einsamkeit, eine Weisheit wie von weit, weit her.

Mein Kind, mein Sohn, den ich verloren habe.

In den Monaten nach unserem ersten Besuch machten wir uns erneut auf Erkundungstour und suchten eine Stelle, die sich zum Landen eignete, diesmal mit neuen Augen, keine flüchtigen Besucher mehr, die vielleicht nie wiederkommen; diesmal mit großem Eifer, um genau die richtige Stelle zu finden, fuhren wir mit unserem Boot langsam bei Flut in die verschlafenen, von Mangroven gesäumten Meeresarme hinein. Schließlich wurden wir fündig, an einer Biegung mit Böschungen aus roter Erde, unterhalb eines Hügels, der mit Affenbrotbäumen gekrönt und mit zarten Stachelschweinspuren gemustert war: die ideale Landebahn. Ausgebleichte Mangroven, wie uralte ehrwürdige Knochen dem Salz und der Sonne ausgesetzt, säumten einen flachen langen Streifen, der sich am Ufer entlang erstreckte, und dort landete Aidan sein Flugzeug ohne Mühe.

Es war später Nachmittag, kurz vor Sonnenuntergang. Gerade noch ausreichend Zeit, vor Einbruch der Dunkelheit unser Zelt neben dem Flugzeug aufzuschlagen, Feuerholz zu sammeln und ein Lagerfeuer zu machen, um Bananen zu grillen und Teewasser zu kochen. Glühwürmchen tanzten in der warmen Nacht, und aus dem Wald hallten die Rufe der Buschbabys herüber, die hoch oben in den Affenbrotbäumen tollten.

Am nächsten Morgen ließen wir das Flugzeug und unser Zelt samt Ausrüstung an Ort und Stelle zurück und sprangen in das wartende Boot. Mote brachte uns zum Strand bei Ndoa und fuhr dann weiter zum Camp der Fischer auf der Insel, um seinen *chai* zu trinken. Wir gingen landeinwärts, um die Gegend zu erkunden, folgten den Spuren von Buschschweinen und sahen zu unserer Verblüffung einen Buschbock, der flink und elegant durch das dichte Seegras sprang. Wir stiegen zum Meer hinunter, schwammen und machten in einer Grotte, die die Ebbe für uns geöffnet hatte, ein Picknick.

Wir aßen gerade kalten Fisch mit Limonensaft und Soja, als wir Mote auf uns zulaufen sahen. Er schien über die Felsen zu springen, behende und geschmeidig wie eine Sandkrabbe, und er schrie irgend etwas. Der Meereswind wehte seine Worte davon, und erst als er ganz nah war, hörten wir: »*Moshi! Ni moshi mingi kwa campi yetu. Moto! Ni moto kwbwa ... Ndege ...*« (Rauch. Viel Rauch in unserem Camp. Feuer. Ein großes Feuer ... das Flugzeug ...)

Wir rannten schon, während er noch schrie. Packten unsere Sachen zusammen, wateten ins Wasser, das uns bis zu den Achseln reichte, kletterten ins Boot und warfen den Motor an. Im weiten Bogen gelangten wir zum Eingang des *melango*, ließen den tosenden Ozean hinter uns, erreichten die Lagune, und der Horizont öffnete sich vor unseren Augen. Wir standen in dem schwankenden Boot, schirmten die Augen mit den Händen ab und sahen schweigend zu.

Genau an der Stelle, die wir als Abukari kannten – wo

wir versteckt hinter einer grünen Blätterwand unser Zelt aufgeschlagen hatten und wo unser Flugzeug mit der gesamten Ausrüstung stand –, stieg eine riesige Rauchsäule über den Mangrovenwald in den Himmel, zog mit dem Wind, malte den Himmel pechschwarz, häßlich, mit der unverkennbaren blaugrauen Farbe der Angst. Niemand sagte etwas.

In der Ferne am Strand bei Rubu sahen wir die kleine Gestalt von Mohamed Mussa, der auf und ab lief und uns gestikulierend drängte, daß wir uns beeilen sollten. Es war Ebbe, das Wasser stand niedrig, und weiße Sandbänke kamen zum Vorschein, so daß wir keine Möglichkeit hatten, mit dem Boot zu der Biegung des Meeresarms und dem Landestreifen zu gelangen. Wir mußten zu Fuß gehen.

Wir sprangen kurz vor dem Strand ins Wasser und spurteten los. Mohamed lief voraus. Wir rannten über die Sanddünen und erreichten den Sumpf. Der Wald verhüllte die Sonne über unseren Köpfen. Die Mangrovenwurzeln ragten schlammverkrustet hervor, wie gigantische Spinnen. Ich stolperte einige Male und verlor meine Sandalen. Das saugende Geräusch von Krabben und die heiseren Rufe von Papageien, ein Fischadler, der wie meine Hoffnung von den Baumwipfeln abhob, seinen Jagdschrei in einen makellosen Himmel stieß, unsere Füße tief in dem klebrigen Sand, das Schlagen meines Herzens, meine Angst, mein Gebet.

Ja, ich flehte zu den Männern, die mir stets geholfen haben. Die schon dorthin vorausgegangen sind, wo Zeit nichts bedeutet, wo alles geschehen kann. Ich betete mit einer solchen Inbrunst, daß ich einen trockenen, salzigen Geschmack im Mund bekam, Tränen mir in den Augen brannten.

Ich flehte, daß das Unmögliche geschehen möge; daß der wahllose, mitfühlende Atem der Vorsehung die Chronologie der Ereignisse aufhob, rückwirkend das zerstörerische Feuer ausblies, daß die Wolken zu Regen zerschmolzen und die Glutasche durchtränkten.

Und die ganze Zeit über dachte ich an das Flugzeug, an die Tanks voller Flugbenzin – so leicht entzündlich –, die wir unter die Flügel gestellt hatten, nahe an das Lagerfeuer, das wir zum Frühstück gemacht hatten, vielleicht etwas zu nah an der Maschine, von dem wir geglaubt hatten, daß es erloschen war; an die unerträgliche Hitze, die das Feuer entwickelt haben mußte ... Bildete ich es mir nur ein, oder fiel vor uns ein feiner, schräger Regen ... Bildete ich es mir nur ein, oder wurde der Rauch allmählich weniger? Nicht mehr wie eine bleierne Säule, sondern leicht in der Brise treibend?

Die letzte Meile erschien mir endlos. Wir erreichten den Meeresarm und gingen im Wasser weiter, teils schwimmend, teils watend. Dann kamen wir um die Biegung und sahen es. Bis zur Hüfte in der zurückweichenden Flut sahen Aidan und Mote, Mohamed, Ali und ich zu, sprachlos.

In der Mitte des langen, von Mangroven gesäumten Sandstreifens, mehrere Meter breit, eine halbe Meile lang und am Rande des Wassers beginnend, verlief ein toter

Streifen aus verkohltem Gras, übersät mit noch glühenden Holzkohlebrocken, wie ein grauer Teppich, den das Inferno ausgerollt hatte. Das Feuerholz, das wir unter einem Dornenbaum aufgehäuft hatten, war verbrannt. Geblieben war ein beißender, erstickender Qualmgeruch.

Nur wenige Zentimeter von der glühenden Asche entfernt standen, wundersam unversehrt, wie wir sie zurückgelassen hatten, das Flugzeug und unser Zelt. Nur eines der Zelttaue war verkohlt und hing schlaff herab. In der Ferne stieg noch immer Rauch auf, einige Sträucher glimmten noch, aber aus unerklärlichen Gründen war das Feuer von allein ausgegangen.

Mote erreichte den Strand als erster, wo er auf die Knie fiel und mit ausgestreckten Armen Allah pries. Auf seine Art verlieh er unseren Gefühlen Ausdruck, und bis an unser Lebensende wird niemand von uns diesen Morgen in Rubu vergessen, an dem wir Zeuge wurden von etwas, das wir nur als Wunder bezeichnen konnten.

Ich sah mich um, blickte zu den Affenbrotbäumen empor, zum Wald, zum strahlenden Himmel. Ich schaute nach unten auf den Sand, als ich aus dem Wasser stieg. Es erstaunte mich nicht, es war wie ein Omen: Eine große Löwenspur, frisch von der vorherigen Nacht, zeichnete sich ab. Und ich sah, daß ein Büffel ans Ufer des Meeres gekommen war.

Die Nacht der Löwen

… ein tapferer Mann hat immer dreimal vor einem Löwen Angst; wenn er zum erstenmal seine Spur sieht, wenn er ihn zum erstenmal brüllen hört und wenn er ihm zum erstenmal gegenübersteht.

Somali-Sprichwort, erwähnt in ERNEST HEMINGWAY,
Das kurze glückliche Leben des Francis Macomber

Eines Morgens im April brachten die *askari* Meave in einer Schubkarre zurück, als ich gerade bei der Gartenarbeit war.

Die Bougainvilleen wucherten purpurn und mußten gebändigt werden. Bald würden die ersten langen Regenfälle kommen. Es war der richtige Zeitpunkt.

Ich liebte diese Arbeit, bei der ich meinen Gedanken freien Lauf lassen, Ideen entwickeln, Geschichten ersinnen und Lösungen für anstehende Probleme finden konnte. Ich mochte die Sonne im Gesicht, die jähe Brise und den Ruf des Turakos von den Baumwipfeln.

Vom Schatten der großen Fieberakazie aus sah ich die

seltsame Prozession näher kommen. Unter den sonnendurchfluteten Mastixbäumen hindurch schritten sie auf mich zu. Ich stand da, legte die Gartenschere hin und berührte den warmen Kopf eines meiner Hunde. Die Art, wie sie sich bewegten, wirkte seltsam traurig.

Nyaga, im bodenlangen *kaputi*[1], die Mütze schief auf dem Kopf, zwei von den anderen Hunden vor ihm und ein Gärtner hinter ihm, schob einen Handkarren, von dem Meaves verfilzter, blutverklebter Schwanz herabhing und durch das Gras schleifte.

Die anderen Hunde näherten sich vorsichtig, schnüffelten mit erhobener Nase, verwirrt. Meave war das älteste Weibchen meiner Schäferhunde, die Leithündin des Rudels.

Nyaga blickte mich entschuldigend an, und sein normalerweise glückliches Gesicht wurde von tausend Falten zerfurcht: »*Pole. Ulipata yeye kandu ya bara bara. Aliona ndamu kwa nyayo: ni Simba. Uliona mugu.*« (Es tut mir leid. Ich habe sie am Straßenrand gefunden. Ich hatte Blutspuren auf dem Weg gesehen. Ich habe Fußabdrücke gesehen. Es ist ein Löwe.)

Ich konnte Meave nicht mehr helfen.

Sie lebte noch; reglos blickte sie zu mir hoch, fügte sich stoisch in ihr Schicksal, die schwarzen Augen unbewegt, die Ohren wachsam, teilnahmslos und furchtlos, wie sie nun einmal war. Ich betrachtete ihren grotesk verdrehten Leib, der hintere Teil wirkte wie tot.

---

1 Militärmantel von Angehörigen der Nachtpatrouille

Ich hatte Simon gebeten, eine Schüssel warmes Wasser zu bringen, und lief los, um meinen Erste-Hilfe-Kasten zu holen.

Ich wusch sie behutsam und rasierte ihr den Bauch. Sie winselte nicht, als wäre sie immun gegen Schmerzen. Doch sie mußte mörderische Schmerzen haben, denn auf der bläulichen Haut legte mein Rasiermesser vier tiefe, klaffende Wunden frei, aus denen noch immer Blut floß, runde, tiefe Löcher, deren Abstand zueinander auf die Fangzähne eines sehr großen Löwen schließen ließ.

Vor meinem inneren Auge tauchten schemenhaft Bilder der Szene auf, wie sie sich abgespielt haben mochte. Der Möglichkeiten gab es viele. Vielleicht waren die Hunde bei einem ihrer nächtlichen Streifzüge auf den Löwen gestoßen, der gerade auf Beutefang war. Meine Hunde haben gelernt, daß die Nähe eines Löwen darauf hoffen läßt, daß vielleicht auch für sie Fleisch abfällt. Am frühen Morgen vor Sonnenaufgang folgen sie dem urtümlichen Geruch durch den Busch. Dann kommen sie hechelnd zurück, mit wildem Blick und stinkendem Fell, springen erschöpft in den Fischteich und trinken schließlich geräuschvoll aus ihren Schüsseln.

Was sich bei ihren nächtlichen Begegnungen genau abspielt, wenn sie mit Schakalen ihre Mahlzeit teilen, mit Hyänen um Knochen kämpfen, aufregende Jagden erleben, wird mir ewig verborgen bleiben. In diesem Fall konnte ich mir einen kurzen Kampf vorstellen, die Gereiztheit des Löwen, ein tiefes Grollen ... ein wütendes

Fauchen, dann einen tiefen, tödlichen, absolut mühelosen Biß. Das Knirschen brechender Knochen. Wie eine Spielzeugpuppe flog Meave kurz durch die Luft, landete geräuschlos. Die Hunde stoben auseinander. Der Löwe fraß weiter, ungerührt. Meaves Rückgrat war gebrochen. Sie schaffte es, sich ein paar Meter weiterzuschleppen, unter einen *lelechwa*-Busch; und dort fanden sie die *askari*.

Ich desinfizierte die Wunden mit Mercurochrom, das sich mit ihrem Blut vermischte, tupfte sie trocken und nähte mit der gebogenen Nadel aus meinem Erste-Hilfe-Kasten die dicke Haut zusammen. Ich gab Puder darauf und legte einen Verband an; ich tat, was ich konnte. Aber ich sah, daß Meaves Rückgrat gebrochen war, ihre Hinterbeine gelähmt, und wußte, daß der Löwe gewonnen hatte. Ich legte sie auf eine Matte in einer ruhigen Ecke gleich neben meinem Zimmer, wo ich ein Auge auf sie haben konnte; sie trank etwas Milch, konnte sie aber nicht bei sich behalten. Nach zwei Tagen verweigerte sie jede Nahrung und lag da, mit geschlossenen Augen, kaum atmend.

Bei Sonnenaufgang ertönte am äußeren Rand meines Gartens ein Schuß: Ich hatte Aidan gebeten zu tun, was getan werden mußte, wozu ich jedoch selbst nicht imstande gewesen wäre.

Meave war mit einer Überdosis Nembutal ruhiggestellt worden und schlief ein, während ich ihr den Kopf streichelte. Das Echo hallte am erblassenden Himmel wider und schreckte die Vögel auf. Ein Schwarm Spatzen flog aus den Fieberakazien auf, mit flirrenden Flügeln in der plötzlichen Stille.

Ein frisches Hundegrab entstand neben den vielen anderen Gräbern, nicht weit von der Stelle, wo Paolo und Emanuele ruhen.

Ich machte mich am selben Morgen auf Spurensuche und entdeckte die Abdrücke des Löwen im Sand. Sie waren weich und rund, unglaublich kraftvoll, und sie strömten Gefahr aus.

Stärker noch als bei einer direkten Begegnung mit einem Löwen, bevor du zum erstenmal sein Brüllen hörst, verspürst du beim Anblick seines Prankenabdrucks im Sand eines Wildpfades, daß du wirklich in Afrika bist, weil er den sichtbaren Beweis dafür liefert, daß das Tier denselben Weg gegangen ist wie du.

Wer im afrikanischen Busch lebt, lernt schon bald, daß es Tiere gibt, die man sieht, und andere, die man spürt, ganz in der Nähe, versteckt im Unterholz rechts und links vom Weg im dichten *lelechwa* oder in einer Gruppe Ebenholzbäume. Oder in den nächtlichen Schatten, die sich undurchdringlich vor den Fenstern ausbreiten. Im Dunkel jenseits der Grenze des schwachen Scheins des Lagerfeuers vor dem Zelt.

Die unsichtbaren, von denen man nur den Geruch wahrnimmt, wenn der Wind sich dreht, die sich durch einen knackenden Zweig unter einer vorsichtigen Pfote verraten. Ein mächtiges Atmen, röchelnd und fremd, rhythmisch und unversöhnlich, wie Afrika selbst.

Diese Tiere, die man niemals sieht, lösen tiefe Schauder der Erregung aus, den scharfen Geschmack der Furcht, die stärkste Sehnsucht. Sie sind es, an die man sich erinnert.

Wie an die Nächte der Löwen.

Vor nicht allzu langer Zeit, im Januar 1997, fragte Sveva mich kurz vor ihrer Rückkehr nach London, wo sie zur Schule ging und ein kalter Winter sie erwartete, ob sie ihre vorletzte Nacht in Laikipia im »Nest« verbringen dürfe. Sie hoffte, dort Nashörner zu sehen.

Sveva wollte zuvor zu einem Picknick, das Shahar, unser junger Agrarwissenschaftler aus Israel, an den heißen Quellen unterhalb von Maji ya Nyoka veranstaltete, und würde anschließend zum »Nest« gebracht werden. Ich würde sie am nächsten Morgen abholen. Sie nahm ihren Schlafsack, ihre Sturmlampe und natürlich eine Taschenlampe mit. Ein Walkie-talkie hatte sie auch dabei. Sie war nicht zum erstenmal allein dort. Trotzdem hatte ich diesmal ein mulmiges Gefühl, und als ich ins Bett ging, nahm auch ich ein Walkie-talkie mit, das ich eingeschaltet neben mich aufs Kopfkissen legte.

Selbst Simon wirkte an dem Abend besorgt und blickte sie eindringlich an: »*Makena*«, sagte er in flehendem Ton, »*hapana sahau radio. Chunga sana.*« (Glückliche, vergiß dein Funkgerät nicht. Sei ganz vorsichtig.)

In den Tagen zuvor hatten in Laikipia nachts Löwen gebrüllt, mehr Löwen, als ich seit langem gehört hatte. Und in Kuti wurde ich nachts häufig wach, wenn meine Hunde knurrten, wenn sie atemlos bellend zur Tür meines Zimmers liefen, in dem viele von ihnen schliefen, um dann rasch in die Nacht zu verschwinden. Sie rannten in alle Richtungen über den Rasen, laut heulend, wenn sie einen Löwen auf den Hügeln witterten. Doch wenn die Löwen ganz nahe herankamen, blieben die Hunde still. Sie verkrochen sich wieder in meinem Zimmer und legten sich auf meinen Teppich, reglos, mit wachsamen Ohren, schlaflos.

In dieser Nacht war es nicht anders. Das regelmäßige tiefe Grollen hallte von den Hügeln neben dem alten Boma ya Taikunya herab, an der Grenze von Ol Morani, und kam näher. Ich konnte förmlich ihre Pfoten hören, als sie auf dem Pfad, der vom Tank unterhalb von Paolos Stausee aus an meinem Garten entlangführt, an den Gästezimmern vorbei, auf die Wassertränke des *menanda* zusteuerten, und vermutlich auf Marati ya Katikati, wo sie Büffel, Elenantilopen und Zebras finden konnten. Ich lasse den großen Wassertank, aus dem nur Elefanten trinken können, immer überlaufen, damit sich das Wasser unten in einem schlammigen Loch sammelt, ein besonderes Vergnügen für die Büffel. Ich hatte schon den Verdacht, daß Löwen und andere Raubtiere zunehmend von dieser Stelle angelockt wurden. Als ich eines Nachmittags mit meinem Flugzeug gelandet war, hatte ich am Ende der Piste, auf einem alten Termitenhügel, einen Gepard stehen sehen, der ein paar junge Impalas beobachtete und sich durch den Lärm der Maschine und den aufgewirbelten Staub nicht beirren ließ; und nachts hörte ich oft das laute, wogende Schnurren der Leoparden: Viele Impalas gingen zu dem Wasser.

Ich schlief schlecht. Gedanken an vergangene Gefahren quälten mich. Zu frisch war die Erinnerung an meine Begegnung mit dem Kälberkiller in der letzten Vollmondnacht.

Als der Mond aufgegangen war, hatte ich das Vieh im *boma* liegen sehen können, nicht weit vom glühenden Lagerfeuer der *wachungai*. Die Kühe der Herde waren überwiegend weiß und hatten ihre kleinen Kälber neben sich.

Ich sah sie durch die dornigen Zweige des Busches, unter dem ich mich versteckt hielt. Mit einem Baumwollschal um den Kopf, auf zwei Kissen sitzend, die Wolldecke bis unter das Kinn gezogen, um mich gegen den kühlen Ostwind zu schützen, hockte ich wachsam da und wartete. Neben mir, ausgestreckt auf der Matte, waren Aidan mit seiner Großwildbüchse, Issak, der Aufseher, mit einer starken Taschenlampe, und Ali, der oberste *wachungai* im *boma*.

Seit zwei Wochen war der Löwe jede Nacht gekommen und fast jedesmal mit ein oder zwei Kälbern verschwunden. Der Löwe hatte eine Vorliebe für neugeborene oder ein paar Tage alte Kälber entwickelt. Ein Löwe, der sich nach Belieben von jungen Büffeln, fetten Zebras und schmackhaften Elenantilopen ernähren könnte, wird, wenn er sich ausschließlich auf das Töten von Kälbern verlegt, für jeden Rancher eine untragbare Plage. Ich ließ das *boma* jede Woche aufs neue aus dem Revier des Löwen verlegen. Aber der Löwe folgte nach, denn junge, zarte Kälber waren eine verlockend leichte Beute, und so blieb mir keine andere Wahl. Dreißig Kälber waren bereits gerissen worden.

Wenn der Löwe heute nacht kam, würde er niedergestreckt werden.

Er würde in der mondlosen Nacht kommen, wenn die Kälte schneidender ist, die Glutasche grau wird und die Männer schlafen. In ihre *shukas* eingewickelt, um das Lagerfeuer gedrängt, würden sie traumlos bis kurz vor der Morgendämmerung schlafen, alle bis auf den, der Nachtwache hielt und mit becherweise dampfendheißem Gewürztee, in dem viel Honig und Milch war, gegen den Schlaf ankämpfte.

Die Geräusche der Rinder waren auf sonderbare Weise beruhigend, trotz ihrer Verdauungsgeräusche, des Grunzens und Gluckerns ihrer wiederkäuenden Mägen. Der Geruch nach frischem Dung war durchdringend, grasig und seltsam natürlich. Ich mochte ihn.

Mir kam der Gedanke, daß sich der Geruch in Afrika im Laufe der Jahrhunderte nicht verändert hatte: Hier war kein künstliches Futter eingeführt worden, das die angestammte Lebensweise des Viehs verdorben hätte. Die Rinder hier in Afrika schliefen draußen, ihr ganzes Leben lang; die Rinder hier suchten sich ihr Futter und Wasser selbst; sie waren kein Stallvieh, das zahm und sicher in behaglichen Einfriedungen untergebracht war, wo sie alles hatten, was sie brauchten, außer Freiheit.

Hier am Äquator waren die Rinder Wind und Wetter ausgesetzt. Sie wurden im Regen naß und gingen meilenweit in der sengenden Sonne, um Wasser zu finden. Es waren robuste, geduldige Tiere, die wußten, wie sie überleben konnten; sie erkannten das Lied des Madenhackers, den Geschmack frischen Grases, sie konnten eine Salzlekke aus weiter Entfernung wittern, und sie kannten die Löwen.

Es war, als wäre plötzlich eine kurze, heftige Brise von den *mukignei*-Sträuchern herübergeweht; das gleiche Geräusch wie ein gewaltiger, kollektiver Atemzug. Die Rinder standen mit einemmal alle auf, geräuschlos, wachsam wie müde Gespenster.

Und von Osten, mit lautlosen, unerbittlichen Sätzen direkt auf das jüngste Kalb zusteuernd, kam der Löwe.

Erstaunlich schnell war Aidan neben mir aufgesprungen, und fast im selben Moment auch Issak und Ali. Während ich die Wolldecke wegtrat, froh, daß ich die Schuhe anbehalten hatte, und nach meinem Gewehr griff, hörte ich schon den Schuß.

Er erschütterte die Nacht und hallte im Tal wider, mit einer tödlichen, zerstörerischen Endgültigkeit. Ich war einen Augenblick lang wie taub, und als ich den anderen in absoluter Stille nachlief, hörte ich nur mein dröhnend pochendes Herz. Einige Meter entfernt rollte der Löwe im Staub, krümmte sich und stieß sein hohles Todesröcheln aus. Wenige Sekunden später lag er reglos unter einem Busch, und seine phosphoreszierend blaßgrünen Augen leuchteten blicklos, wie zwei sterbende Leuchtkäfer.

Auf der Heimfahrt allein im Mondschein, während ich auf der steinigen Straße Schlaglöchern und Hasen auswich, den toten Löwen hinten im Wagen, wunderte ich mich über die seltsamen Wege meines Schicksals und dachte an andere Geschichten, die ich nachts mit Löwen erlebt hatte.

Sveva war allein im Nest. Das »Nest« ist mein Refugium bei den Quellen von Ol Ari Nyiro, erbaut aus Holz und Stein mit einem Papyrusdach, ohne Fenster und Türen, offen für Sonne und Mond. Es liegt an einem Hang mit Blick auf eine Salzlecke und ist ein Ort voller Zauber.

Da ist der Zauber des Windes und der des sanften Regens. Der Zauber des Sturms, von Donner und Blitz am bleifarbenen Äquatorhimmel; der Zauber der Schwalben und Mauersegler und der der Sperlinge, die auf dem Balken über dem Himmelbett aus alten, knorrigen Olivenbaumästen und Steinen aus dem Busch hocken. Nachts kommen die flatternden Fledermäuse mit ihrem besonderen Fledermauszauber alter Höhlen, und Schlafmäuse lugen neugierig aus ihren kleinen Löchern, bevor sie furchtlos herangeflitzt kommen und Krümel von meinem Brot stibitzen. Auch Ginsterkatzen und Stachelschweine kommen und hinterlassen ihren nach Moschus riechenden Savannenzauber, und abends frage ich mich, wer von ihnen wohl die Reste meiner Guajava verspeist. Da ist der Zauber der Dickzungeneidechse, die mit ihrem orangegelben Kopf und türkisfarbenen Leib auf dem Stein ruht, in den Svevas Kinderhand »Paolo« und ein Herz aus Muscheln gemeißelt hat, und der mächtige Zauber der freundlichen Kobra, die darunter schläft.

Da sind der Nashornzauber und der Elefantenzauber und der Zauber des einsamen Elenantilopenbocks. Doch der Zauber, der mich nicht losläßt, ist der von Paolo, wie ein Atemhauch auf meiner Wange, und der von Emanuele, der in einen Baumstamm genau so eine Akazie geschnitzt hat, wie sie jetzt auf seinem Grab wächst.

Die Gegenwart geheimnisvoller Wesen und Menschen bevölkerte die Schatten meines geliebten »Nestes«, doch der wohl seltsamste Besuch – der mich in jener Nacht wach hielt – war ein Löwe, der sich auf mein Bett gesetzt hatte.

Einige Wochen zuvor war ich mit ein paar Gästen im »Nest« gewesen, um nach Büffeln Ausschau zu halten. Ein merkwürdiger, widerlicher Gestank hing in der Luft, und ich hatte das deutliche Gefühl, daß wir mit unserer Ankunft irgendwen gestört hatten. Aus den Augenwinkeln sah ich eine lohfarbene Gestalt den Hang hinabhetzen, und im Wohnzimmer lag ein großer, stinkender Kothaufen, den ich unschwer als den eines Löwen erkannte. Noch nie hatte in Laikipia ein Löwe ein Haus betreten.

Narumbe, mein Wildhüter, der uns an dem Abend begleitete, bestätigte meinen Verdacht: »*Simba!*« flüsterte er, ehrfurchtsvoll den Kopf schüttelnd. »*Simba ndany ya nyumba!*« (Ein Löwe im Haus.)

Er wandte den stolzen Kopf, stand reglos da, wie eine Holzskulptur, witterte mit aufgeblähten Nasenflügeln im Wind, und seine Ohren mit den langen durchlöcherten Läppchen lauschten auf ein verräterisches Geräusch.

Das »Nest« steht auf einem Berg, ein idealer Platz, um

das Tal zu überblicken und Tiere zu beobachten. Einige Tage zuvor war eine junge Elenantilope von einem Löwen gerissen worden, direkt unten am Hang. Jetzt tauchte eine Herde Büffel aus dem *lelechwa* auf.

»*Yeye natega mbogo hama siruai.*« Narumbe wollte Büffel oder Elenantilopen aufspüren.

Wir gingen ins »Nest«, berunruhigt und beklommen. Dicke, gelbe Haare auf der bedruckten Tagesdecke meines großen Himmelbettes ließen keinen Zweifel mehr.

Ein Löwe auf meinem Bett. Ein Löwe auf meinem Bett, das würde niemand glauben.

Dieser Vorfall und die Tatsache, daß Tiere ihr Revier mit Kot und Urin markieren, hatten ein wenig die Freude, allein im »Nest« zu übernachten, getrübt. Schließlich war es nach allen Seiten offen und nicht zu verriegeln, wie eine Veranda. Doch Sveva hatte die Möglichkeit, daß der Löwe dem »Nest« noch einmal einen Besuch abstatten könnte, mit einem Achselzucken abgetan: »Der kommt nicht wieder. Völlig ausgeschlossen. Wir haben alles desinfiziert und saubergemacht. Sein Duft ist verschwunden. Der Geruch von Antiseptikum würde ihm nicht gefallen.«

Sie hatte recht. Ich dachte nicht wieder darüber nach. Bis jetzt.

Da mir bewußt war, daß Sveva die Nacht allein im »Nest« verbrachte, war ich unruhig, unerklärlich nervös und fand keinen Schlaf. Ich wälzte mich hin und her und fand mich schließlich damit ab, daß ich kein Auge zumachen würde.

Das Knistern aus einem Funkgerät, das signalisiert, daß

jemand auf den Knopf eines Mikros drückt, ist so unheilvoll wie das Klingeln des Telefons in der Nacht und läßt ähnlich Schlimmes ahnen.

Es begann plötzlich, wenn auch zögernd, und obwohl wir viele Funkgeräte auf der Ranch haben, dachte ich augenblicklich an Sveva und war auf der Stelle hellwach.

»Wer ist da?« flüsterte ich ins Mikro. »Wer spricht?«

Es war wirklich Sveva. Ein murmelndes Flüstern, furchtsam und eindringlich: »Mummy, hier sind Löwen. Löwen. Ganz in der Nähe, sehr nah; hilf mir. Schicke einen Wagen. Bitte, hilf mir.«

Ich war aus dem Bett, noch während sie sprach, tastete nach dem Feuerzeug und zündete die Kerze an, nahm die Taschenlampe, suchte hektisch nach meiner Brille, eilte zur Tür, während ich Sveva über Funk Mut zusprach und sie beruhigte und ihr sagte, wie sie sich verhalten sollte: »Nimm deine Sturmlampe, halte sie bereit, damit du sie werfen kannst, wenn sie reinkommen, verscheuche sie im letzten Moment, sie müssen überrascht sein, gerate nicht in Panik, lauf nicht weg. Was auch passiert, lauf nicht weg. Es wird alles gut. Ich bin schon unterwegs.«

Ich rannte. Mein Herz schlug mir bis zum Hals, ich durfte keine Zeit verlieren. Diesen Weg war ich schon einmal in Panik gerannt. Im Nachthemd, barfuß, lief ich wieder über die nackten Steine, die feucht vom Nachttau waren, über das nasse kalte Gras, meine Hunde aufgeregt um mich herum. Noch immer hörte ich die Löwen unten im Tal brüllen. Der *askari* holte mich ein, als ich gerade den Motor des erstbesten Wagens anließ, den großen

Landcruiser, den wir benutzen, wenn wir Gästen die Gegend zeigen. Ich sagte ihm, er solle am Funkgerät bleiben, falls ich Hilfe brauchte.

»Simba!« rief ich, als der Wagen in einer Staubwolke losbrauste, »*Makena, na itua mimi. Simba na-ingia Niumba Ya Mukutan. Unaenda kusaidia.*« (Ein Löwe! Die Glückliche braucht Hilfe. Ein Löwe will in die Hütte am Mukutan. Ich fahre zu ihr.)

Meine Stimme klang schrill, hoch, tonlos. Ich dachte an die Löwen.

Löwen sind sonderbare Wesen, träge, sie haben praktisch vor nichts Angst. In Laikipia begegne ich ihnen ständig, meistens bei Einbruch der Dunkelheit, oder sie tauchen im Scheinwerferlicht auf, wenn ich nachts nach Hause fahre. Sie stehen unerschrocken mitten auf der Straße oder am Straßenrand und trollen sich bedächtig, mit einem mühelosen Wiegen ihrer muskulösen Schultern, gelb und lohfarben, verschwinden im Unterholz aus Salbeibüschen und Akaziensträuchern oder kommen daraus hervor. Sie setzen sich abrupt hin, mit jäher Hemmungslosigkeit, gähnen gemächlich, ohne den unergründlichen Blick vom Wagen abzuwenden, aufmerksam, aber ohne Argwohn.

Häufig folgen sie mir ein Stück, wenn ich langsamer fahre, neugierig, ohne dabei bedrohlich zu sein. Doch man sollte ihre Trägheit nie mit Freundlichkeit verwechseln, denn wilde Löwen sind, gelinde gesagt, unberechenbar. Genau das fürchtete ich, ihre Neugier, die kraftvolle, sorglose, tödliche Verspieltheit von Katzen.

Nie zuvor habe ich die acht Kilometer schneller zurückgelegt. Ich raste. Durch die Büsche, durch Schlaglöcher, über Steine und Wasserfurchen. Die Hügel hinauf, die Hänge hinab. Zebras stoben auseinander. Dann wurden die *lelechwa*-Sträucher dichter, die Piste machte an einem alten, verdrehten Olivenbaum eine scharfe Biegung nach links, der schmale Pfad stieg eine Anhöhe hinauf, eine andere hinab: Ich war da. Im Scheinwerferlicht stand mein vertrautes Nest, gespenstisch und grau, wie Draculas Schloß in einer Gruselgeschichte. Der Wind, der die ausgebleichten Salbeisträucher und Eucleas bewegte, wehte unheimlich. Die Nacht dahinter barg Gefahren und namenlose Bedrohungen. Wo war meine Kleine?

Ich hupte, vertrieb mit jedem Hupen meine Ungeheuer. Sveva tauchte zerzaust auf, verängstigt, aber unversehrt, den Schlafsack um die Schultern gelegt, in der Hand eine Sturmlampe, die so winzig aussah, daß sich, so mein Gedanke, wohl kein Löwe damit hätte abschrecken lassen.

Wie nicht anders zu erwarten, hatte Sveva ihre Fassung bereits wiedergefunden: »Tut mir leid, Mummy. Es war furchtbar. Er war so nahe, ich hätte ihn anfassen können. Ich wußte nicht, was ich machen soll.« Sie bedachte mich mit einem schwachen Makena-Lächeln. »Wie hast du das bloß so schnell geschafft?« Sie warf die Haare nach hinten.

In ihren Paolo-blauen Augen bemerkte ich ein plötzliches Funkeln. »Aber mach doch nicht so einen Krach. Du erschreckst ja die Nashörner.«

Da wußte ich, daß sie wohlauf war.

Immer wieder stelle ich fest, daß Erinnerungen nachts leichter fließen, daß Assoziationen wie von selbst kommen. Als ich über die Kreuzung am Forschungscamp fuhr, mit der schlafenden Sveva im Wagen, mußte ich an eine andere Nacht denken, die über zwanzig Jahre zurücklag, an eine Geschichte, die sich mehr oder weniger an dieser Stelle zugetragen hatte.

Eine Geschichte von anderen Löwen, in einer anderen Zeit.

Ich war mit Emanuele, meiner Mutter und Gordon, meinem Hund, bei Rocky und Colin Francomte gewesen. Es war sieben Uhr abends und bereits dunkel, als wir das Haus verließen. Es war Regenzeit.

»Nehmen wir die mittlere Piste nach Kuti«, sagte ich zu Emanuele. »Sie ist weniger befahren, geheimnisvoll, und wir haben eine größere Chance, wilde Tiere zu sehen.« Ich warf einen Blick zu dem dunkel werdenden Himmel hinauf. »Vielleicht regnet es später. Die Straße müßte noch ziemlich trocken sein.«

Im Landesinneren von Afrika lebt man praktisch in der freien Natur, und nirgendwo sonst achtet man so sehr auf die Beschaffenheit und die Farben des Bodens. In Afrika gibt es endlos viele Bodenarten, und die meisten davon finden sich in Laikipia. Es gibt den gelben sandigen Staub der Savanne oder den wunderbaren, körnigen orangefarbenen *murram* des Niuykundu-Stausees; den fetten, fast purpurfarbenen Ocker des Mlima Ndongo; die braune fruchtbare Walderde aus Humus und verfaultem Enghelesha-Laub; den grauen vulkanischen Kies der nördlichen Ebenen und den hellorangefarbenen oder weißen Puder auf dem Weg nach Mawe ya Paulo, der überall eindringt und die Blätter an den Straßen mit einem klebrigen Film bedeckt. Und natürlich die gefürchtete schwarze Lavaerde von Damu Ya Tope und Maji Ya Faru, die ein Regenschauer im Nu in eine klebrige Masse verwandelt, die an Schuhen und Füßen und Autoreifen haftenbleibt, bis man hoffnungslos feststeckt.

Feuchtigkeit lag in der Luft, ein Gefühl von drohenden Wolken, aber die Nacht war noch immer relativ klar, nachdem es den ganzen Tag geschüttet hatte.

Ein Büffel überquerte die Piste einige Meter vor uns. Den Kopf erhoben, das nasse Maul in unsere Richtung gedreht, stand er da und beobachtete uns furchtlos. Ich bremste ab, um ihm auszuweichen. »Ein großes Männchen. Das muß ich Paolo erzählen.«

Seine Hinterbeine waren schlammverkrustet, die grauen Hörner weit geschwungen, schwer, in der Mitte tief zerfurcht, ein Zeichen von hohem Alter. Als der Wagen nur wenige Zentimeter von ihm entfernt war, fast sein Fell berührte, schüttelte er den Kopf und drehte sich mit der unerwarteten, tödlichen Gewandtheit alter Büffel um. Binnen Sekunden verschwand er im *lelechwa*, wobei seine Hufe eine Fontäne aus braunem Schlamm hinterließen.

Der Boden des Grabens war überflutet und mein Wagen inzwischen zu langsam, um die Steigung zu bewältigen. Trotz Vierradantrieb spürte ich, wie die Reifen sich abmühten, auf dem glitschigen Grund zu fassen; sie rutschten, drehten durch und gruben sich immer tiefer in den klebrigen Lehm. Mir war gleich klar, daß ich allein nicht mehr herauskommen würde, solange der Boden nicht etwas trocknete.

Ich tat das Übliche. Ich setzte ein Stück zurück; ich stieg aus, watete durch den Schlamm, und mit Hilfe der anderen legte ich als letzten Versuch einige Zweige unter die Räder; einige Male versuchte ich es erneut, aber vergeblich. Wir saßen hoffnungslos fest.

Es wurde schnell dämmerig. Ich hatte kein Walkie-talkie dabei. Ich dachte kurz an Paolo, der uns bei Colin und Rocky in Sicherheit wähnte, wo wir, wie ursprünglich geplant, einen Drink nehmen wollten; er würde sich unseretwegen keine Sorgen machen und bestenfalls in einigen Stunden nach uns suchen. Es kam häufig vor, daß Rocky uns auf einen Teller Suppe und einen Sherry einlud, was ich normalerweise annahm. Ihr Koch Atipa hatte ein unerschöpfliches Repertoire an Suppen, und ich war gerne dort. Paolo würde denken, daß wir uns einen schönen Abend machten. Er könnte ja nachkommen. Erst dann würde ihm klarwerden, daß uns irgend etwas passiert sein mußte, und er würde sich auf die Suche machen. Damals hatten wir noch kein internes Funknetz und keine Möglichkeit, uns zu verständigen.

Ich schaute zum Himmel, der bereits dunkelte und nur am Horizont noch leuchtete. Mir fiel ein, daß wir heute nacht fast Vollmond haben würden. Der Mond würde in einer Stunde aufgehen, dann wäre es trotz der Wolken für mich hell genug – so hoffte ich zumindest –, um den Weg nach Kuti zu finden. Ich würde Gordon mitnehmen.

»Ich gehe zu Fuß nach Hause; bis Kuti sind es sechs Kilometer von hier, ich kenne den Weg; ihr bleibt, wo ihr seid, und leistet euch gegenseitig Gesellschaft. In weniger als zwei Stunden bin ich mit Paolo zurück. Es wird alles gutgehen. Macht es euch im Wagen gemütlich.«

Meine Worte ernteten Schweigen. Meine Mutter blickte mich an, dann Emanuele. Er war neun Jahre alt und war die Ferien über zu Hause. Er blickte mich unverwandt an, und selbst in der Dunkelheit spürte ich seine Entschlossenheit: »Du gehst nicht allein. Ich komme mit. Wir lassen Nonna hier.«

»Dann komme ich auch mit.« Die Stimme meiner Mutter klang unerbittlich. Wir waren hier in Afrika nach Einbruch der Dunkelheit, es wimmelte nur so von wilden Tieren. Vielleicht war ihr die Gefahr nicht klar, vielleicht aber auch nur allzu klar. Meine feinsinnige Mutter, die zu Hause in Venedig Museen und Bibliotheken, Vorlesungen an der Universität und stundenlanges Arbeiten am Schreibtisch gewohnt war, sie wollte hier nichts verpassen und bei dem Abenteuer dabeisein. Wenn es gefährlich werden sollte, dann wollte sie uns zur Seite stehen. Ich betrachtete sie mit neuem Respekt.

Ich argumentierte noch eine Weile, aber ich wußte, daß ich sie nicht gegen ihren Willen zum Bleiben bewegen konnte. Schließlich gab ich auf. Wir hatten keine Zeit zu verlieren.

»Ich gehe voraus. Ihr folgt mir. Sprecht nicht, macht keinen Lärm. Bleibt stehen, wenn ich stehenbleibe. Wenn irgend etwas zu nahe herankommt, lauft nicht weg.« Ich warf einen Blick auf die Schuhe meiner Mutter und wiederholte: »Vor allen Dingen nicht weglaufen. Seid leise. Ganz still.«

Ich zog mir einen Pullover über. Es würde kalt werden. Ich nickte Emanuele zu und ging los.

Zunächst waren wir ziemlich unbeschwert, beschwingt durch die Absurdität unseres Abenteuers. Gordon ging voraus, schnüffelnd, den Schwanz aufgerichtet wie ein Banner. Er wandte ab und zu den Kopf, um zu sehen, ob ich noch da war, kam zurückgelaufen, um sich von mir die Nase tätscheln zu lassen, rannte wieder davon. Anders als bei seinen wilden Läufen, wenn wir tagsüber spazierengingen, hielt er sich in unserer Nähe. Wir konnten noch immer vage die Silhouetten der Bäume und Hügel ausmachen.

Aber ich spürte die berechtigte Besorgnis meiner Mutter und auch Emanueles Aufregung. Was mich betraf, so empfand ich die Last der Verantwortung und eine Mischung aus Erleichterung, nicht allein zu sein, und Sorge, für uns drei planen zu müssen, falls wir irgend etwas Großem und Unfreundlichem über den Weg laufen würden.

Die Bewohner der Nacht waren unterwegs.

Es ist verblüffend, wie schnell die Stille der Nacht in

Afrika mit Bewegungen und Geräuschen belebt wird, wenn überall die Tiere erwachen und das Kommando übernehmen; sie kommen aus den Tälern, aus den Euclea- und Sumachdickichten; aus Erdspalten, von der Savanne und den Ebenen. Überall um uns herum spürten wir, wie Lebewesen sich bewegten. Und auch wenn sie ganz nahe sind, sind sie geräuschlos, verraten sich nur durch ein tiefes Atmen, einen rumpelnden Magen, das Rascheln von Blättern, die sich öffnen und schließen, wenn eine große Gestalt zwischen ihnen hindurchgleitet. Manchmal ist es ein Elefant: ein Ast, der herabfällt, nachdem er von einem unermeßlich kräftigen Rüssel abgebrochen wurde. Auf den Hügeln in der Ferne eine Hyäne, die den Mond anheult; ein Chor winselnder Schakale, das Gebrüll eines Löwen, das wiegende Schnurren des Leoparden; aber vor allem sind es die Baumfrösche und Grillen und unbekannten Insekten, die unaufhörlich im Hintergrund singen; und Sperlinge bei Vollmond.

Und so ging ich dahin und lauschte den vertrauten Klängen der afrikanischen Nacht.

Das Knacken von Zweigen unter einem Schritt. Ein aufgeschrecktes Perlhuhn, das seinem Unmut über die Störung lautstark Ausdruck gab.

Wir folgten der schmalen Straße, die nicht mehr als ein Weg war. Ich konnte sie nur daran erkennen, daß sie etwas heller war als die Umgebung. Zuweilen war der Busch am Straßenrand undurchdringlich und so nah, daß mir unbehaglich wurde. Dann öffnete sich der Busch ein wenig, und ich bemerkte bei Gordon eine Veränderung. Er blieb abrupt vor mir stehen, eine Pfote in der Luft, und lauschte mit aufgerichteten Ohren; seine Nase hatte eine Witterung aufgenommen; ein leises Knurren drang aus seiner Kehle, bedrohlich, und ich blieb wie angewurzelt stehen; ebenso Emanuele und meine Mutter. Gordon wandte den Kopf zur Seite, noch immer knurrend, als könnte er etwas sehen und riechen, das uns entging. Dann wurde der Geruch von einer Brise mitgenommen, und Gordon entspannte sich und ging weiter. Wir folgten ihm wachsam.

Ich hörte vor uns Geräusche von Büffeln, eine große grasende Herde; das unverkennbare Mahlen vieler Mäuler, die knirschend strohiges Gras zerkauten, erfüllte die Nacht, Rülpsen und Stampfen, das Rollen von Steinen unter schweren Hufen, die Wärme von zahlreichen Leibern und grünem Dung. Sie blockierten uns den Weg und breiteten sich in alle Richtungen aus. Sie umzingelten uns. Gordon übernahm das Kommando. Er ging in Vorstehhaltung, starr, und griff dann die Dunkelheit an.

Wir alle blieben stehen und machten uns auf eine Stampede gefaßt, die Gott sei Dank in die andere Richtung losging. Die Nacht wurde zu einem einzigen Rollen von Steinen, Knacken von Sträuchern, lautem Muhen und dem Trommeln von Büffelhufen. Gleich darauf blieb nur noch ihr warmer, beißender Geruch, um uns daran zu erinnern, daß sie noch Sekunden zuvor dagewesen waren.

Am Kati-Kati-Tank tranken Elefanten. Ich hatte damit gerechnet und die Gefahr vorhergesehen, daß wir den

Weg einer Herde Elefanten oder Büffel kreuzen könnten, die zur Wasserstelle wollten. Gordon war leise und vorsichtig und ging langsam voraus. Ich wußte, daß der Wind auf unserer Seite war. Es gelang uns, unbemerkt weiterzugehen.

Wir hatten noch etwa zweieinhalb Kilometer vor uns; ich wurde allmählich zuversichtlicher; doch wieder hatte sich Gordons Verhalten verändert; er ging nicht mehr voraus; er blieb dicht hinter meinen Beinen, wie abgerichtete Hunde es tun, eine seltsame Höflichkeitsbekundung; als ich einige Male seinen Kopf berührte, spürte ich seine Anspannung und die wie bei einer Hyäne aufgestellten Rückenhaare.

Die Nacht wirkte viel stiller als zuvor; unsere Schritte klangen in dieser Stille überlaut; ich fühlte mich schutzlos, sehr verletzbar, drei Generationen meiner Familie gingen durch das dunkle Afrika nach Hause.

Selbst die Frösche und Grillen hatten die Stimme verloren. Ich fand meine wieder. Um das unheimliche Gefühl abzuschütteln, beschloß ich, alle Regeln in den Wind zu schlagen. Ich fing an zu singen.

Es war ein Lied über Schnee und Soldaten, die durch die Wüste und über Berggipfel marschieren, ein Lied, das ich als Kind von meinem Vater gelernt und das Emanuele vor Jahren geliebt hatte, wenn ich es ihm zum Einschlafen vorsang. Er sang mit.

> *»Lungo le dune del deserto infinito,*
> *lungo le sponde accarezzate dal mar,*

> *oh quante volte insieme a te ho camminato,*
> *senza riposar.«*[2]

Auch meine Mutter, die inzwischen nichts mehr erschüttern konnte, sang mit. Eine verrückte Prozession.

Schließlich erreichten wir den vertrauten *menanda*, den Viehdipp von Kuti, der im Mondlicht gespenstisch wirkte; ein paar Impalas saßen dort im Kreis herum. Aufgeschreckt durch unser Auftauchen und unsicher, ob sie davonspringen sollten, standen sie halb auf, rehbraun und hübsch, Schönheiten mit langen Wimpern. Dann, urplötzlich, sprangen sie hoch und flohen in die Nacht.

Wir betraten den Garten durch das Nordtor. Meine anderen Hunde kamen uns entgegen und begrüßten uns bellend und schwanzwedelnd. Wir waren in Sicherheit.

Wie ich es mir gedacht hatte, saß Paolo wie jeden Abend im Wohnzimmer, las und hörte Musik, trank seinen Whisky on the rocks und rauchte. Als wir hereinkamen, brauchte er ein paar Sekunden, um zu merken, daß wir völlig verdreckt waren, uns noch nicht zum Abendessen umgezogen hatten und so aufgedreht waren, als hätten wir eben ein Rennen hinter uns gebracht und das Ziel erreicht. Wir erzählten ihm, was passiert war, und er lachte anerkennend mit uns. Er hätte das gleiche getan und hatte nichts anderes von mir erwartet.

»Irgend etwas Besonderes gesehen?« Ich erzählte ihm

[2] Über die Dünen der endlosen Wüste, / über die Strände, die das Meer liebkost, / oh, wie oft bin ich mit dir marschiert / ohne Rast und Ruh.

von den Büffeln, den Elefanten. Von Gordons plötzlicher Furchtsamkeit, der Stille der Nacht ... Er runzelte die Stirn und sagte nichts dazu.

Am nächsten Morgen vor dem Frühstück kam er grinsend auf mich zu. Er nahm meine Hand und führte mich zum Garten hinaus, den Weg entlang, den wir am Abend zuvor gekommen waren. Dort, überdeutlich in dem trocknenden Lehm, waren unsere Fußabdrücke zu sehen, meine großen, Emanueles Kinderfüße und die kleinen meiner Mutter; Gordons Pfotenabdrücke waren dicht hinter meinen Abdrücken. Und einige Schritte hinter uns, ganz klar, von dem Gebüsch am mittleren Tank an bis zum Garten, die runden Prankenabdrücke von zwei sehr großen Löwen.

»Sie sind euch den ganzen Weg gefolgt, bis zum Tor.« Die Spuren führten allein weiter in Richtung Busch.

TEIL ZWEI

Nichts als Staub in Arba Jahan

*Für Aidan und zur Erinnerung
an Osman und Ibrahim Ahmed*

Mit dir könnt' ich in tiefer Wildnis leben,
Wo keines Menschen Fuß den Weg sich sucht;
Mit dir, du meine Stadt und Einsamkeit,
Licht meiner Nacht und Ruhe nach der Flucht.

SIR RICHARD BURTON, *Wandering in West Africa*

Rückkehr nach Moyale

Unsere Kamele wittern den Abend und sind froh.

FLETCHER, *The Golden Road to Samarkand*

Das Flugzeug kreiste tief über den Blechdächern der kleinen Grenzstadt, die im arabischen Stil erbaut war, näherte sich der Landebahn und landete in einer Staubwolke, ohne daß die Kamele sich davon beunruhigen ließen. Völlig ungerührt blickten sie von den Dornbüschen auf, von denen sie fraßen. Sie waren strahlend weiß, fast Gespensterkamele.

Es war ein Septembermorgen im Jahr 1997. Wir waren nach Moyale gefahren, einer Stadt im äußersten Norden Kenias, an der Grenze zu Äthiopien. Ich war gespannt darauf, wieder hierher zurückzukehren, da mich mit diesem seltsamen und gottverlassenen Ort glückliche und wehmütige Erinnerungen verbinden.

Das erste Mal besuchte ich Moyale im Jahre 1990 mit Aidan, um einen Kameltreck vorzubereiten. Wir wollten eine Herde somalischer Zuchtkamele kaufen, die wir im Jahr darauf nach Laikipia bringen würden.

Der Treck würde etwas über dreihundert Meilen durch das nördliche Grenzgebiet Kenias führen, von Moyale nach Lolokwe, einem Ort im Samburu-Gebiet, direkt neben dem *lugga* Il Baa Okut, und schließlich nach Ol Penguan, Aidans Ranch in der Savanne des westlichen Laikipia-Plateaus.

Auf den ersten zweihundert Meilen, bis zu den Brunnen von Koiya, gab es keine Wasserstellen. Um die kühleren Nachttemperaturen nutzen zu können, planten wir den Marsch für die Zeit um den Vollmond des Septembers 1991 herum. Es gab Gründe dafür, warum wir uns diese Strapaze antun wollten.

Aidans Leidenschaft für Kamele hatte tiefe Wurzeln, ebenso wie sein Verständnis der Tiere. Kamele, das ursprüngliche Vieh Afrikas, sind bestens geeignet für härteste Bedingungen – einsame Gegenden mit wenig Wasser und Nahrung und sengender Hitze – und somit für die Ökologie des Landes sehr viel schonender als Rinder. Mit ihren weichen, gepolsterten Füßen reißen sie den Boden nicht auf, sie fressen ausschließlich von hohen Sträuchern, an die Ziegen nicht herankommen, und verhindern so einen Kahlschlag der ohnehin schon mageren Weiden in den trockensten Regionen Afrikas. Ihre leicht säuerliche Milch ist ungemein nahrhaft und steht ganz oben auf dem Speisezettel der meisten Nomadenstämme, die zum Überleben völlig auf diese Tiere angewiesen sind. Im Gegensatz zu Rindern müssen Kamele nicht jeden Tag trinken; sie legen mühelos gewaltige Entfernungen zurück, tragen Lasten und sind ungeheuer anpassungsfähig.

Daher ist es erstrebenswert, Kamele als umweltfreundliche Alternative zum herkömmlichen Vieh auch in Landstrichen Afrikas einzuführen, wo sie nicht heimisch sind, wo aber geeignete Bedingungen herrschen. Außerdem sind sie bei Touristentouren ein attraktiver und dekorativer Ersatz für Pferde.

Aber wahre Leidenschaft wird selten aus Vernunft geboren. Was Aidans edler Nomadenseele am meisten entgegenkam, war die romantische Aura, die diese hochnäsigen, stattlichen Tiere umgab – die »Wüstenschiffe«, würdevolle, aristokratische, zähe, unentbehrliche Begleiter für jeden, der das unbekannte Afrika erkundet.

Aidan war auch ein begeisterter Sammler von seltenen und häufig unerforschten Pflanzenarten, vor allem bizarren Unterarten von Sukkulenten wie Wolfsmilch, Caraluma, Aloe oder *Aequinopsis*, die noch immer unentdeckt in einsamen, unzugänglichen Schluchten und auf Berggipfeln wachsen, wochenlange Märsche entfernt von allen bekannten Routen. Die meisten seiner botanischen Expeditionen wären ohne seine Kamele gar nicht möglich gewesen.

Bei der Viehzucht ist es unabdingbar, in gewissen Abständen neues Blut einzuführen. Das war der eigentliche Grund unseres Unternehmens. Hinzu kamen natürlich die Herausforderung, die Schönheit des Landes, die Gefahr, die es bedeutet, nur mit dem Notwendigsten ausgerüstet, unbekanntes Gebiet zu durchqueren.

Der Kauf von Dutzenden Kamelen, und noch dazu an einem so entlegenen Ort, läßt sich nicht in wenigen Tagen erledigen, und das ganze Unternehmen mußte sorgfältig geplant und organisiert werden. Aidan war vertraut mit dem Ablauf und kannte die Leute, ohne die ein solches Vorhaben nicht durchzuführen gewesen wäre.

Ich flog also mit Aidan hin, um seinen Freund Haji Roba zu besuchen, einen alten Würdenträger, der in der kleinen muslimischen Gemeinde großes Ansehen besaß und dem in unserem Plan eine Schlüsselfunktion zukam. Ihm würde eine beträchtliche Summe Bargeld anvertraut werden. Haji würde das Geld in den folgenden Wochen und Monaten Aidans Mitarbeiter Ibrahim Mohamed geben, der noch auf dem Weg hierher war und in Moyale so lange Station machen würde, bis er hundert Kamele gekauft hatte, wie lange auch immer das dauern würde.

Die Kamele wurden über die Grenze zum Markt in Moyale gebracht, große äthiopische Kamele aus hervorragender Zucht, Weibchen, die viel Milch gaben, und Männchen, die weite Strecken zurücklegen und schwere Lasten tragen konnten. An einem Tag würden fünf, an einem anderen vielleicht zehn angeboten, und wieder an einem anderen Tag kein einziges, das unseren Ansprüchen genügen würde. Über den Kaufpreis würde lange gefeilscht werden – auf den Matten auf dem staubigen Kiesboden im Schatten eines alten Tamarindenbaumes, neben dem *shoko* und nicht weit von der Moschee, außer Reichweite der allgegenwärtigen Ziegen – bei unzähligen Tassen Tee mit Kardamom und wohltuenden Gläsern rauchig-süßem *susha*-Quark.

Es würde eine Männerwelt sein, nach muslimischer

Tradition, eine Welt der Geschäfte und des Handels, der Karawanen und Maultiere und der Gespräche über *shiftah*.

Shiftah.

Shiftah ist das Somali-Wort für »Banditen«. Es sind Straßenräuber aus verschiedenen Stämmen, und sie dringen regelmäßig von Äthiopien und Somalia aus nach Kenia ein und machen die Grenzgebiete unsicher. Sie nutzen das bergige, wilde Gelände, in dem sie rasch verschwinden und der Verhaftung entgehen können.

Es verging kein Tag, an dem nicht irgendwelche Überfälle von *shiftah* berichtet wurden: Manchmal stahlen sie nur ein paar Kamele, aber stets kam es zu einer Schießerei, in den meisten Fällen mit Schwerverletzten oder Toten.

Shiftah töteten für Vieh, aber auch für Kleidung, Schuhe, für eine Uhr oder einfach, um zu töten. *Shiftah* waren wild, brutal, unberechenbar und gnadenlos; häufig im Rausch irgendwelcher einheimischer Drogen, raubten sie *manyattas* aus, schlugen und vergewaltigten Frauen, töteten Kinder. Sie waren keine tapferen, heldenhaften Krieger, sondern Banden von Desperados ohne Ehre, die mit vielen Leuten und schwerbewaffnet – sie griffen nie allein an – einen einsamen Reisenden überfielen und ihm für ein paar Shilling Beute die Gurgel durchschnitten oder einfach nur, weil er dem falschen Clan angehörte. Sie ritten auf schnellen Pferden, schrien und schossen wild um sich. Mit *shiftah* war nicht zu spaßen, und man machte am besten einen möglichst weiten Bogen um sie.

Fahrzeuge durften die *murram*-Piste von Isiolo nach Moyale inzwischen nur noch in Begleitung bewaffneter Polizisten benutzen.

Ich erinnere mich noch an meinen ersten Tag in Moyale und den abgeschiedenen Hof unseres Gastgebers, an seine verschwenderisch großzügige Gastfreundlichkeit, an das schüchterne, schöne kleine Mädchen mit dem purpurfarbenen Schleier – seine jüngste Tochter Rehema, schlank und bezaubernd, mit glänzenden, intelligenten Augen, fast noch ein Kind, die eine arabische Ausgabe des Korans in Händen hielt. Zunächst begrüßte sie mich und küßte mir die Hand, dann senkte sie vor Aidan den Kopf, damit er ihr seine Hand zum Zeichen der Begrüßung und zum Segen auflegen konnte, und nachdem er das getan hatte, küßte sie auch ihm anmutig die Hand, bevor sie mit anderen kleinen Kindern zurück zu dem dunklen Türeingang lief. Mir fiel auf, daß sie sich immer wieder ans Ohr griff und ihren Hals verdrehte, als ob sie Schmerzen hätte.

Wir betraten Haji Robas Haus über eine hohe Treppe. In dem schattigen Raum wurden wir von einigen seiner Söhne begrüßt und, unter Willkommensrufen und Mitleidsbekundungen ob unserer langen Reise, gebeten, auf einem langen braunen Kunstledersofa Platz zu nehmen, vor dem ein Couchtisch mit einer Spitzendecke und einem bunten Plastikblumenstrauß stand. Aus einem Räucherfäßchen stieg angenehm nach Harz duftender Rauch an die blaßblaue Decke.

Bald hatte sich der Raum mit weiteren jungen Männern gefüllt, weiteren Söhnen, und schließlich lugte

Mumina, seine zweite Frau, die wieder schwanger war, zur Tür herein.

In dem Raum mit gelben Baumwollvorhängen, verziert mit Blumenmotiven in leuchtenden Perlstickereien, wartete ich, bis die Männer ihre Geschäfte besprochen hatten.

Dann war es Zeit für das Frühstück – obwohl es eigentlich schon Mittag war –, und ich wurde zu einer Toilette im türkischen Stil geführt, die gleich neben der Küche lag, wo die Frauen auf dem festgetretenen Sandboden hockten und singend auf einem kleinen Feuer über drei Steinen geschickt eine köstlich duftende, würzige Mahlzeit zubereiteten.

Eine Schüssel, Handtuch und Seife wurden gebracht, und wir wuschen uns alle die Hände. Dann wurde eine Servierplatte nach der anderen mit Speisen aufgetragen, Emailschüsseln, gehäuft voll mit Reis, und Ziegeneintopf; geröstete Ziege und Ziegeninnereien, gebraten mit Zwiebeln; *chapati*, Linsen und Bananenbeignets; saure Kamelmilch mit Zucker und Kardamom.

Fasziniert von dem fremdartigen Geschmack langte ich heißhungrig zu und aß viel zuviel, und dann kam Mumina herein, umarmte mich schüchtern, küßte mich zweimal, wie es unter muslimischen Freundinnen Brauch ist, und reichte mir ein Päckchen, in dem ein schönes Somali-Kopftuch eingepackt war, rot, gelb und weiß, aus sehr feinem Musselin gewebt. Ich band es mir um den Kopf und machte mir im Geiste eine Notiz, mich so bald wie möglich für das Geschenk zu revanchieren.

Haji Roba hatte für uns ein Treffen in Äthiopien mit einem Mann organisiert, der von unserer Ankunft gehört hatte und Aidan kennenlernen wollte. Wir stiegen in einen klapprigen alten Landrover, der von einem benachbarten Händler ausgeliehen worden war, und fuhren – ohne Paß oder sonstige Ausweispapiere – über die äthiopische Grenze.

Alle schienen Haji Roba zu kennen, man winkte ihm vom Straßenrand zu, und zu meiner Verblüffung begrüßten nicht wenige Leute in der fremden Gegend auch Aidan wie einen alten Bekannten.

Wir fuhren zu einem heruntergekommenen Hotel mit kaputten, billigen Möbeln, wo wir auf den lokalen Regierungsvertreter warteten, einen politisch recht einflußreichen Mann, eine Art Kriegsherr, sein Name war Godana.

Ich sah mich neugierig in dem Hotel um, denn hier war Aidan sieben Jahre zuvor einen Monat lang als Gefangener festgehalten worden, als er während einer Botanikexpedition im Niemandsland aus einem Flugzeug mit dem Fallschirm abgesprungen und vom Stamm der Garreh entdeckt worden war. Da er mit Karten und Kompaß, aber ohne Ausweis durch die Lande gezogen war, hatte man ihn für einen Spion gehalten, weil ihm niemand abkaufte, daß er lediglich einen unerforschten hohen Berg besteigen und seltene Pflanzen hatte sammeln wollen. *Wasungu* sind alle verrückt. Mit karger Verpflegung, bestehend aus pappigen Spaghetti von miserabler Qualität, Getreidekaffee (ein zweifelhaftes Erbe aus der italienischen Kolonialzeit) und ein paar kleinen Bananen aus einem nahe gelegenen Hain, hatte er dort ausharren und über sein Schicksal nachgrübeln müssen, die Tür von einem Soldaten bewacht, der ihn sogar aufs Klo begleitete, bis seine Rettung organisiert worden war.

Schließlich traf der Äthiopier ein. Er hatte einen schüchternen, jungen, höflichen Mann mit glattem, glänzendem Haar bei sich, seinen Sohn Wako. Es stellte sich heraus, daß der junge Mann davon träumte, in den USA zu studieren – ein für ihn unerreichbarer Traum, wie eine Reise in eine ferne Galaxie –, und daß er in uns die einzige Chance dafür sah. Ich empfand starkes Mitgefühl für den jungen Mann und setzte in den Monaten darauf alle Hebel in Bewegung, um ihm zu helfen. Jahre später klingelte nachts bei mir zu Hause in Nairobi das Telefon, und Wako war am Apparat. Er rief aus den USA an und teilte mir mit freudiger Stimme mit, daß er es doch noch geschafft hatte.

Wir kehrten zurück, um letzte Vorbereitungen für die Reise zu treffen. Wir würden mit dem Flugzeug von Aidans Schwager fliegen, einer großen, wunderbar altmodischen *de Havilland Beaver*, in der ausreichend Platz für unser umfangreiches Gepäck war. Unsere ehrgeizige Reiseroute war gefährlich wegen der *shiftah* aus Äthiopien. Eine große Karawane mit zwei Europäern würde Aufmerksamkeit erregen, und wir mußten auf der ersten und größten Etappe unseres Trecks tunlichst sämtliche Hauptrouten und stark frequentierten Wasserstellen meiden. Der Treck führte durch Trockensavanne, Wüsten, Lavafelder und Sümpfe, durch Gegenden, wo es weder Straßen noch Dörfer gab und man nur zu Fuß weiterkam. Waren wir erst einmal unterwegs, gab es keine Möglichkeit mehr, mit der Außenwelt Kontakt aufzunehmen. Die Zeit der Satellitentelefone war noch nicht angebrochen. Ich würde einen möglichst umfassenden Erste-Hilfe-Kasten zusammenstellen und hoffen, daß alles gutging. Da wir keinen Kühlschrank hatten, war es sinnlos, Schlangenserum mitzunehmen.

Die Wasservorräte waren zum Trinken und Kochen gedacht; Waschen würden wir uns erst wieder, wenn wir die Brunnen von Koiya erreicht hatten. Aidan würde sein Gewehr und die zwei besten Kameltreiber von seiner Ranch mitnehmen: die beiden Ahmeds, denen man die Beinamen *Nyukundu* (rot) und *Nyeusi* (schwarz) gegeben hatte, um sie unterscheiden zu können. Ich würde zum Schutz zwei meiner bewaffneten Sicherheitsleute mitnehmen. Ich wählte jemanden aus, der Ajuran sprechen konnte. In Moyale würden wir einige zusätzliche Kameltreiber anheuern, die uns auf dem Rückweg begleiten sollten.

Ihr Anführer würde Osman sein.

An diesem Tag hörte ich seine erstaunliche Geschichte zum erstenmal.

Die Geschichte von Osman

Doch einer liebte deine Pilgerseele
und jenen Schmerz im alternden Gesicht.

W. B. YEATS

Es war einmal ein kleiner Mann, der sich um Kamele kümmerte, und sein Name war Osman Nguyu Dupa.

Er war schmächtig, mit zarten Knochen, wie ein Vögelchen, aber mit knorrigen Knien und großen Füßen, wie die Tiere, die er pflegte. Er trug einen langen karierten Baumwoll-*kikoi* und einen locker gebundenen Turban, der mehrmals um sein graues Haar geschlungen war, nach Boran-Art. Er stammte aus dem Norden, dem Grenzland zu Äthiopien, dem Land des Sandes und der Wüsten, der Lavafelsen und unbarmherzigen Sonne. Seine Haut war dunkel und glänzend, spannte sich über breiten, vorstehenden Wangenknochen in einem hageren, schmalen, scharfgeschnittenen Gesicht, wie der naiv gemalte schwarze Christus auf koptischen Ikonen. Er hatte strahlende, wache Augen, die es gewohnt waren, verschwommene Horizonte mit zitternden Luftspiegelungen nach Anzeichen für Wasser abzusuchen, das Leben bedeutet, und auf endlosen Dünen eine plötzliche Bewegung zu entdecken, die *shiftah* und damit Tod bedeuten könnte.

Er führte ein Leben von biblischer Einfachheit, das von den Kamelen und ihren Bedürfnissen bestimmt wurde. Jeden Tag begann er bei Sonnenaufgang und beendete ihn bei Sonnenuntergang mit einem Gebet. Er kümmerte sich rasch und sicher um die Kamele, sang ihnen vor, rief sie und trieb sie mit seinem Kamelstock, unermüdlich ging er zwischen ihnen, hinter ihnen und vor ihnen, und am Ende des Tages hatte er gut zehnmal mehr Meilen zurückgelegt als sie. Er arbeitete für Aidan als erster Kameltreiber.

Im Laufe der Jahre hatten sie gemeinsam viele Abenteuer erlebt. Safaris im Norden, auf denen sie monatelang durch unerforschte Gebiete streiften. Gemeinsam hatten sie in windigen Nächten unter einem sternenübersäten Himmel am Lagerfeuer gesessen und aus denselben Brunnen getrunken. Zusammen hatten sie ihr Leben riskiert. Einmal wurden sie entdeckt, als sie illegal in Äthiopien mit ihren Kamelen unterwegs waren, sie wurden von dem dort ansässigen Stamm der Garreh als Gefangene gehalten und als mutmaßliche Spione in ihrem *manyatta* festgesetzt. Die regionale äthiopische Garnison, die informiert worden war, erreichte sie erst Tage später. Nachdem im spärlichen Schatten der Dornenbäume ein Prozeß im Schnellverfahren durchgeführt worden war, wurden sie schließlich freigelassen. Kleinigkeiten, Details waren für ihre Befreiung verantwortlich: die Dankbarkeit der Frauen, denen Aidan seine Kamele zur Verfügung gestellt hatte, um das viele Meilen entfernte Wasser hierherzutransportieren; die Neugier der Männer auf Aidans Gewehr und ihre Dankbarkeit für das Penizillin, das er zur Verfügung gestellt hatte, um die um sich greifenden Geschlechtskrankheiten zu bekämpfen.

Zwischen Osman und Aidan war im Lauf der Jahre ein tiefer gegenseitiger Respekt gewachsen. Dieser Respekt wurzelte vor allem darin, daß sie beide Kamele liebten und hochachteten, jene unschätzbar wertvollen Tiere, ohne die sich keine Wüste zu Fuß durchqueren läßt.

Daher war Aidan äußerst bestürzt, als er eines Tages merkte, daß mit Osman irgend etwas nicht in Ordnung war. Er bekam keinen Bissen mehr herunter, klagte über schreckliche Magenschmerzen und schien fast stündlich an Gewicht zu verlieren. Als er beinahe nur noch Haut und Knochen war, trug Aidan ihn zu seinem Flugzeug und brachte ihn zu den italienischen Missionsärzten im Krankenhaus von Wamba.

Wamba liegt im Gebiet der Samburu, und im Umkreis von etlichen Meilen um dieses außergewöhnliche Krankenhaus in einer gottverlassenen Gegend, in dem tüchtige, engagierte Ärzte Tag für Tag alle erdenklichen Krankheiten behandeln, erstreckt sich erodierte, trockene rote Erde.

Auf der Röntgenaufnahme war zu sehen, daß Osmans Magen fast gänzlich von einer häßlichen, undurchdringlichen Masse ausgefüllt wurde. Die Untersuchungen bestätigten, daß er einen bösartigen, inoperablen Tumor im Endstadium hatte. Es war für Osman am besten, wenn er zurück zu seiner Familie ging, um dort in Frieden zu sterben.

An einem sonnigen Morgen mit tiefblauem Himmel flog Aidan Osman, der fast schon wie ein Leichnam aussah, ins weit entfernte Moyale, wo er ihn im Schatten eines der seltenen Dornenbäume zurückließ, umgeben von seiner Frau und seinen Kindern, die den unvermeidlichen Verlust bereits schweigend betrauerten. Als Aidan schweren Herzens allein über die Lavawüste den langen Weg zu seiner Ranch zurückflog, war er sicher, daß er Osman nie wiedersehen würde.

Kurz darauf hörte Aidan von einem berühmten Wunderheiler, der immer wieder nach Gilgil kam, um dort die Todkranken zu besuchen, und angeblich erstaunlich positive Ergebnisse erzielt hatte.

In diesem Land der unerklärlichen Dinge, wo man an Magie glaubt und wo alles möglich ist, beschloß Aidan, seinem alten Freund noch eine Chance zu geben, vereinbarte einen Termin, sprang in sein Flugzeug, flog drei Stunden Richtung Norden, machte aus der Luft das Kamelcamp und Osmans *boma* aus, kreiste zweimal und landete in einer weißen Staubwolke auf einer Piste. Dann holte er Osman, vor den Augen einer kleinen verdutzt dreinblickenden Ansammlung von Menschen, Kamelen und Ziegen, und brachte ihn voller Hoffnung nach Gilgil.

Erneut trug er seinen sterbenden, in eine schäbige Decke gehüllten Freund in seinen starken Armen.

Sie kamen in einen ruhigen, angenehmen Raum mit einigen Hockern, ein oder zwei Pflanzen und einem

Tisch, auf dem ein Tablett mit einem Krug Milch, einer Kanne Tee und Kuchen mit rosa Zuckerguß stand. In der Mitte des Zimmers war eine Bank und davor ein schmales Bett. Dort legte er ihn behutsam ab.

In den meisten Afrikanern, die von der westlichen Komplexität noch verschont geblieben sind, wohnen sonderbarerweise gleichzeitig, und ohne miteinander in Konflikt zu geraten, der uneingeschränkte Respekt vor den Zauberkräften ihres Stammes und das nahezu grenzenlose Vertrauen in die Fähigkeit der europäischen Medizin, das Unmögliche zu bewirken.

Zudem war Osman Muslim, ein Mann Gottes, und er glaubte fest an Aidans Allmacht: Aidan, mit dem er viele Abenteuer erlebt hatte, der Mann, der allein Länder durchstreifte, der sich mit Kamelen bestens auskannte und meisterlich schießen konnte, dieser freundliche, ernste Riese, der an dem gnadenlosen nördlichen Himmel wie aus dem Nichts aufgetaucht war, um ihn zu retten, der den Metallvogel bekanntermaßen wie kaum ein anderer beherrschte und der in den Geschichten der Menschen und auch in seinem Herzen mit einem Glorienschein umgeben war. Für Osman war es keine Frage, daß Aidan und der Arzt des *musungu*-Gottes mit den weißen Händen ihm helfen würden, obwohl alles andere offenbar gescheitert war. Und gerade auf diesem bedingungslosen Vertrauen beruht der Erfolg der Wunderheilung.

Sie erklärten Osman in aller Ruhe, was geschehen würde. Der Arzt würde seine Hände auf Osmans Bauch legen, sanft die geschwollene Masse betasten. Vielleicht würde

Osman etwas Wärme spüren. Vielleicht auch nicht. Vielleicht würde, wenn Gott zusah, der Schmerz nachlassen, vielleicht würde sich die Kugel auflösen und Osman, so Gott wollte, überleben. *Inshallah*.

Er war mittlerweile so schwach, daß ihm alles egal war. Seit Wochen schon bestand seine Nahrung nur aus einigen Schlucken Kamelmilch, die er mit Mühe hinunterbrachte. Seit Monaten war unerträglicher Schmerz sein ständiger Begleiter. Er wünschte sich nichts sehnlicher, als daß sein Leiden ein Ende nahm, welches auch immer. Der Tod, der große Vergeber, in weiße Schleier gehüllt, würde sich als gnädig erweisen. Er schloß die Augen, erschöpft, benommen vom pochenden Schmerz, bereit für ein Wunder.

Die heilenden Hände berührten leicht Osmans Bauch, und eine trockene Wärme durchstrahlte ihn. Wie lange es dauerte, konnte er nicht sagen; vielleicht eine halbe Stunde? Doch als die heilenden Hände sich wieder hoben und der erschöpfte Arzt sich mit ihnen die schweißnasse Stirn abwischte, öffnete Osman die Augen. Er sah auf und schaute sich mit neu erwachtem Interesse im Raum um. Sein Blick blieb hungrig an der Kanne Tee und dem rosa Kuchen haften. Osman zeigte mit einem knochigen Finger darauf und sah Aidan an: »*Chai. Mimi nataka chai na sukari minghi. Na keki, kubwa sana; Kwisha pona. Mimi ni sawa sasa. Allah Akbar.*« (Tee. Ich möchte eine Tasse Tee mit viel Zucker; und ein großes Stück Kuchen. Ich bin geheilt. Allah ist groß.)

Er sagte das ohne Überraschung, nahm die Zwangsläufigkeit des Wunders, Aidans Macht und die Zauberkraft des Arztes wie selbstverständlich hin.

Die konventionellen Ärzte in Wamba waren fassungslos. Röntgenaufnahmen zeigten eindeutig, daß der große Tumor verschwunden war. So unglaublich es auch klingen mag, aber Osman war wieder vollständig gesund.

Sie flogen erneut zurück nach Moyale, dieses ungleiche Paar, der große, schweigsame Mann in Shorts und der kleine Afrikaner in seinem *shuka*, und landeten im Staub des Viehweges. Wieder kamen die Kinder auf den Schatten des Flugzeuges zugelaufen und warteten in besorgtem Schweigen, um die große verschleierte Frau gedrängt, die ihre Mutter war, bis das Flugzeug schlitternd im Staub zum Stehen kam.

Selbst die Zikaden hatten aufgehört zu singen. Die Tür öffnete sich, und Osman sprang allein hinaus in die Stille.

Ein kollektives Aufatmen durchlief die kleine Gruppe wie der Schauder eines plötzlichen Windes. Dann begannen sie vor Freude zu weinen, kicherten erstickt, sangen heiter und redeten durcheinander.

»Sieh zu, daß du wieder zu Kräften kommst«, sagte Aidan zum Abschied, »und wenn du wieder fit bist, hole ich dich. Du mußt vorbereitet sein. Wir kaufen neue große Dogadia- und Ajuran-Kamele auf dem Markt in Moyale, und wenn wir genug beisammen haben, komme ich wieder. Du mußt mir helfen, sie zu hüten. Gemeinsam werden wir sie nach Hause bringen.«

Und wie es sich ergab, war auch ich mit von der Partie.

Die Geschichte des Abagatha

Er war ein Mann, nehmt alles nur in allem:
Ich werde nimmer seinesgleichen sehn.

SHAKESPEARE, *Hamlet*

Der Pilot nickte mir und John Wachira zu, dem Arzt von AMREF[1], den ich begleitete, um das Krankenhaus zu besichtigen. »Hier sind wir. Ich hole euch am Montag ab.«

Ich war also wieder einmal in Moyale, und ich freute mich auf das Abenteuer. Ein ganz anderes Abenteuer als das während meines letzten Besuches. Jetzt war ich gekommen, weil ich mich bereit erklärt hatte, für eine Initiative der »Fliegenden Ärzte Afrikas« zu werben, und mir ein persönliches Bild von der Situation in den entlegenen Gegenden Kenias machen wollte, wo die Ärzte regelmäßig hinflogen, um Operationen durchzuführen und die medizinische Versorgung zu gewährleisten, eine mutige, umfassende, romantische und sehr notwendige Aufgabe. Ich wollte für sie eine Geschichte schreiben. Ich würde in einem Hotel im äthiopischen Teil der Stadt

[1] African Medical Research Foundation

wohnen und den Tag im Krankenhaus verbringen, wo mir ein Zimmer zur Verfügung gestellt worden war, damit ich in Ruhe schreiben konnte.

Ich blinzelte in dem grellen Sonnenlicht und stieg aus. Die Landebahn erstreckte sich vor mir, staubig und unberührt; ein zerfetzter Luftsack hing schlaff herab, weil sich kein Lüftchen regte. Auf einer Seite standen einige verschleierte Frauen in langen Gewändern. Kinder kamen herbeigelaufen, tauchten plötzlich wie aus dem Nichts von überall her auf. Ein Landrover fuhr vor, und Leute stiegen aus, um uns zu begrüßen. Unter ihnen erkannte ich Haji Roba, groß und distinguiert, eine weiße Kappe auf dem Kopf, wie Muslime sie tragen, in Khakihose, Jakkett und mit einem Stock. Er kam lächelnd auf mich zu, nahm meine ausgestreckte Hand in beide Hände und strahlte echte Freude aus, mich zu sehen. Er hatte gehört, daß ich kommen würde, und wollte mich wissen lassen, daß ich alles, was ich brauchte, bekommen würde, dafür würde er sorgen. Ich mußte unbedingt bei ihm zu Hause frühstücken, seine Frau und seine Kinder sehen.

Wir fuhren los.

Die Stadt war so hektisch und staubig, wie ich sie in Erinnerung hatte, überfüllt mit Menschen, die in alle Richtungen eilten und in Gruppen aufgeregt und gestikulierend diskutierten. Schlanke Frauen mit Armreifen und roten, blauen und weißen Musselinschleiern waren unterwegs, balancierten mühelos große Pakete und Gurden auf dem Kopf. Ziegen stöberten in alten Abfallhaufen. Esel dösten träge in der Sonne, und große Kamele, begleitet von lärmenden Treibern, gingen beladen mit neuen Waren gemächlich von der äthiopischen Seite der Stadt zum *sokho*. In fließende *kikois* gekleidet, die bärtigen Köpfe in *shammahs* gewickelt, konferierten die Würdenträger unter den Tamarindenbäumen. Die heiße, stehende Luft roch nach Staub und Kräutern.

Meine Rückkehr nach Moyale war geprägt von zahlreichen neuen Eindrücken und unvergeßlichen Ereignissen, Ahnungen einer anderen, einfacheren und alten Welt. Nie werde ich das Krankenhaus vergessen, den jungen, intelligenten Doktor Mohamed, der auch bei hundert schrecklichen Notfällen seine ruhige Gelassenheit bewahrte; die hoffnungsvollen Patienten, die sich wie biblische Gestalten in ihren salopp-eleganten Bademänteln auf den Korridoren drängten. Mein Hotel mit einem Papawbaum direkt vor meinem Zimmer und riesigen Kakerlaken unter meinem Bett. Die Augen der resoluten jungen Verkäuferin in dem Geschäft, wo ich eine weiße *shuka* kaufte, ihr plötzliches, entwaffnendes Lächeln, als sie mir in italienisch auf Wiedersehen sagte. Den jungen Bettler mit dem brandigen Bein. Den Geruch des ersten Regenschauers, der auf die staubige Erde niederging, und den farbenfrohen Markt, wo ich nach langem Feilschen für Sveva ein rotes Kopftuch kaufte. Die Frau, die singend mit einem langen Stock in einem Holzgefäß Kaffeebohnen zerstampfte. Der Duft von *gored gored*, den würzigen Eintöpfen, die im Krankenhaus zur Essenszeit in einer langen Reihe von *sufurias* auf dem Fußboden außerhalb des Operationssaals serviert wurden, wo ich den erschöpften Chirurgen in einer kurzen Pause zwischen zwei Operationen treffen konnte. Den Ruf des Muezzins vom Minarett der Moschee, der sich mit den Gebeten der koptischen Priester aus der orthodoxen Kirche vermischte.

Doch vor allem werde ich mich an die kurze Begegnung mit dem Agabatha vom Volk der Borana erinnern, und an die Geschichte des *muganga*, der Rehema heilte.

Haji Roba erzählte mir, daß unter den Angehörigen des Borana-Clans, der den überwiegenden Teil der Bewohner der Stadt ausmachte, freudige Erwartung herrsche, da ihr Abagatha für den nächsten Tag seinen Besuch angekündigt hatte. Der Abagatha ist ihr traditioneller Führer, eine Mischung aus Stammeskönig und gewähltem Präsidenten, und die höchste Autorität dieses edlen Stammes. Er war krank, hatte gehört, daß sich ein Fliegender Arzt in der Stadt aufhielt, und wurde mit dem Wagen die dreihundert Meilen vom Territorium der Borana hergebracht, um den Arzt zu konsultieren.

»Mit dem Wagen?«

»Ja, die äthiopische Regierung hat ihm einen zur Verfügung gestellt«, sagte Haji Roba. »Der Abagatha von den Borana hat keinen Wagen. Borana reiten.«

Haji Roba erzählte mir, daß der Boran-Klan, dem auch er angehörte, der größte äthiopische Stamm ist, mit mehreren Millionen Angehörigen. Sie leben in Äthiopien und Kenia, und obwohl sie Staatsangehörige des jeweiligen Landes sein müssen, in dem sie wohnen, gilt ihre Loyalität ausschließlich ihrem Stammesführer. Sie befolgen strikt die Stammesgesetze, eine Tatsache, die seit der Zeit unter britischer Kolonialherrschaft von den Regierungen beider Länder anerkannt und akzeptiert wird.

Die Borana sind ein im Grunde friedfertiges Volk, aber sehr machtvoll. Ihre Traditionen sind tief verwurzelt. Ihr Abagatha wird meist, aber nicht notwendigerweise, bereits im Kindesalter aus einer der Familien ausgesucht, die schon andere Abagatha hervorgebracht haben, und in den Stammesgesetzen, -bräuchen, -geheimnissen und heiligen Zeremonien unterrichtet. Er ist sowohl der religiöse als auch der politische Führer. Er wird für acht Jahre gewählt und anschließend von einem anderen ebenso ausgebildeten jungen Mann abgelöst.

Auch wenn heutzutage die meisten dem muslimischen Glauben angehören, sind die Borana traditionell weder Muslime noch Christen. Sie beten morgens und abends zu Gott und haben eigene Rituale, aber keine eigene Anbetungsstätte. Die Männer dürfen so viele Ehefrauen haben, wie sie möchten. Sie sind Reiter, Krieger und Viehhüter; tapfer und edel. Ihr Abagatha macht die Runde durch die einzelnen Lager und hat somit engen Kontakt zu seinem Stamm und dessen Problemen. Sein Wort ist Gesetz, aber er gilt als fair. Er hat Berater, von denen ihn stets einige auf seinen Reisen begleiten.

Natürlich war meine Neugier auf diesen charismatischen und geheimnisvollen Mann gleich geweckt, und ich wollte ihn unbedingt kennenlernen.

Als wir am zweiten Tag in dem Krankenhaus eintrafen, wußte ich gleich, daß der Abagatha bereits da war. Ein offiziell aussehender Landrover mit äthiopischem Kennzeichen parkte unter einer staubigen Palme, und Gruppen von Menschen standen erwartungsvoll herum. Aufgrund der stillen, ernsten Stimmung erwartete ich, einen kranken, würdevollen alten Mann vorzufinden.

Um so verblüffter war ich, als ich den jungen bärtigen Mann im langen, weißen Gewand und in Sandalen sah, der auf dem stolzen, wohlgeformten Kopf mit den markanten Gesichtszügen eine Art runden, steifen Turban trug. Er saß auf einer Bank, hatte offensichtlich starke Schmerzen und sah mit brennenden, intelligenten, forschenden Augen zu mir auf. Er litt an einer alten, verkapselten Leberzyste, die von gefährlichen Bandwürmern hervorgerufen wird, deren Larven sich im Körper einnisten, groteske Schwellungen auslösen und alle Organe befallen können, bis der Erkrankte stirbt.

Da das Krankenhaus die für die Behandlung erforderlichen Medikamente nicht vorrätig hatte, bot ich an, sie in Nairobi zu besorgen und mit dem Armeeflugzeug, das jeden Mittwoch Vorräte nach Moyale liefert, einfliegen zu lassen. Als der Abagatha von meinem Angebot erfuhr, schickte er einen alten Mann mit der Botschaft, daß er mir persönlich danken wollte. Bald darauf betrat er mit seiner ganzen Eskorte, aber ohne große Feierlichkeit, das kleine Büro, das mir das Krankenhaus zur Verfügung gestellt hatte, nahm auf einer schmalen Bank Platz und sprach mit mir über einen Dolmetscher. Er wollte wissen, woher ich komme und was mein Beruf sei; er nahm an, daß ich auch Ärztin sei, und betrachtete mit großem Interesse meinen

Computer. Als er erfuhr, daß ich Farmerin bin, wollte er wissen, ob der Regen gut gewesen war, ob das Gras lang war, ob die Weiden üppig, meine Kamele fett und meine Rinder gesund waren; wie viele Kinder ich hatte. Seine durchdringenden Augen schweiften nicht ein einziges Mal von meinem Gesicht ab, während der Dolmetscher von Borana in Swahili übersetzte. Als er von der Schlange hörte, die Emanuele getötet hat, zuckte er zusammen.

Seinem konzentrierten Blick war abzulesen, daß er verwirrt war, und schließlich rückte er mit der Sprache heraus. Ich war irritiert. Er wollte wissen, was mit meinem Haar war, das ich lang und mit blonden Strähnen trage. Nie zuvor, so erklärte er, hatte er Haare gesehen, die aussahen wie eine Löwenmähne. War es echtes Haar? Er hob eine knochige Hand, mit langen sensiblen, silberberingten Fingern, um eine Locke auf meiner Stirn zu berühren, und lachte plötzlich mit weißen, strahlenden Zähnen, wie frische, gleichmäßige Mandeln. Ich begriff, daß ich möglicherweise die erste weiße Frau war, die er je gesehen, und mit Sicherheit die erste, mit der er je gesprochen hatte.

Schließlich lud mich der Abagatha der Borana als Gast in seine Camps ein, um mit ihm am Lagerfeuer zu speisen, auf den Hügeln über der Wüste, von wo aus man die blauen Berge sehen kann, wo die Nächte kühl und die Tage heiß und trocken sind; wo die Borana Hunderte von Pferden halten, in Zelten aus Tierhäuten schlafen und die Zeit keine Rolle spielt. Ich nahm die Einladung natürlich sofort an. Wir werden noch einen genauen Zeitpunkt vereinbaren, und das wird dann sicherlich ein herrliches Erlebnis werden und Stoff für eine weitere Geschichte liefern.

Wie vereinbart holte mich Haji Roba später ab, und wir fuhren zunächst zum Markt, wo er mir stolz und fröhlich das Feilschen abnahm, und danach zu ihm nach Hause, um zu frühstücken.

Ich hatte ein Geschenk für seine Frau Mumina mitgebracht, eine reichverzierte Thermosflasche für ihren *chai*, Räucherstäbchen und eine große Schachtel Süßigkeiten für die Kinder.

Im Innenhof spielten seine beiden jüngsten Söhne. Sie trugen ihre schönsten spitzenbesetzten Sachen, und sie begrüßten mich mit gesenktem Kopf, damit ich ihnen zum Segen meine Hand auflegen konnte. Die beiden Jungen und ihre nur wenige Monate alte Schwester, die mir ebenfalls gezeigt wurde, hatte Mumina in den letzten sechs Jahren zur Welt gebracht. Mumina war älter und rundlicher geworden, aber immer noch eine anmutige, reife, gutaussehende Frau, und die glänzenden, gütigen Augen schimmerten vor Freude, als sie mich zur Begrüßung umarmte.

Das Haus hatte sich kaum verändert. Die Vorhänge waren jetzt blaßgrün, und das Sofa hatte einen Kunststoffbezug mit Leopardenfellmuster. Die Wände waren frisch gestrichen, sattgrün und weiß, und ich sah zu meiner Überraschung, daß die goldene Pendeluhr, die ich Mumina vor sechs Jahren zur Geburt eines ihrer Kinder geschenkt hatte, noch immer funktionierte und einen stolzen Platz oben an einer Wand einnahm.

Zum Frühstück bekam ich gebratenes und gekochtes Ziegenfleisch, gerösteten Reis, *chapati* und *samousas* und einen leckeren Biskuitkuchen mit Tee.

Haji Roba saß bei mir, aß sparsam mit den Händen und forderte mich auf, ordentlich zuzugreifen, während er mir gemächlich, aber äußerst detailliert die Neuigkeiten der vergangenen Jahre erzählte.

Seine erwachsenen Söhne waren tot. Einer war auf der Straße nach Isiolo von *shiftah* überfallen worden. Alle Insassen des Lastwagens waren erschossen worden, ebenso wie die bewaffnete Eskorte. Die beiden anderen Söhne waren 1994 während der *dengi*-Epidemie am Fieber gestorben.

Während er über sein herzzerreißendes Unglück sprach, von Gräbern erzählte, die im Sand zwischen den grauen Meldesträuchern gegraben wurden, bewacht von Marabus, trug sein liebenswürdiges Gesicht eine Maske der Melancholie, und ich staunte über die Fähigkeit der Afrikaner, den Tod zu akzeptieren.

Und was war aus Rehema geworden? Ich hatte das schöne, kleine Mädchen, das uns beim Essen bedient hatte und den Koran lesen konnte, noch lebhaft in Erinnerung.

Sein Gesicht erhellte sich, und die Falten verschwanden. Rehema ging auf ein Internat in Meru. Sie kam gut in der Schule zurecht, und sie war gesundheitlich wieder wohlauf. Sie war auf äußerst merkwürdige Weise von einer chronischen Ohreninfektion geheilt worden, an der sie – wie ich mich sicher erinnern konnte – seit ihrer Kindheit gelitten hatte, ohne daß irgendein Arzt ihr hatte helfen können. Kannte ich die Geschichte denn nicht?

Die Geschichte von Rehema

Ich habe mir meinen Glauben immer bewahrt,
und ich weiß, daß es Hexen gibt.

SIR THOMAS BROWN, *O Altitudo!*

Nachdem der letzte Arzt in Nairobi, der indische Spezialist im Aga-Khan-Hospital, erklärt hatte, daß er Rehemas Ohr nicht heilen konnte, hörte Haji Roba von einem *muganga* aus Äthiopien, der praktisch alles heilen konnte.

Er war ein wilder Bursche aus dem Stamm der Sussa, ungeschlacht und ungezähmt, dem der Ruf eines Barbaren anhing. Er lebte unter primitivsten Bedingungen in einem Zelt aus ungegerbten Häuten im Busch und trug keinerlei Kleidung, für einen konservativen Muslim unvorstellbar.

Nach langem Überlegen ließ man ihn schließlich holen, und als Mumina den nackten Mann mit den ölig glänzenden Gliedmaßen in ihrem sauberen Salon stehen sah, bedeckte sie sich das Gesicht mit ihrem Kopftuch und schickte auf der Stelle einen Hausangestellten los, für den *muganga* etwas zum Anziehen zu kaufen, bevor er ihr wieder unter die Augen trat.

Der Mann nahm die Kleidung, spuckte auf den Boden und wickelte sie sich zu einem massigen Turban um das verfilzte Haar; er blieb aber nackt, bis auf ein winziges Stück Stoff, mit dem er seine Geschlechtsteile bedeckte.

Schließlich wurde eine widerspenstige, verängstigte Rehema in das Zimmer gebracht, wo der *muganga* in einer Ecke kauerte, und er näherte sich ihr schnüffelnd, wie ein wildes Tier. Er roch von oben bis unten an ihrem Körper, hielt schließlich an ihrem Hinterkopf inne, weiter schnüffelnd. Dann nahm er einige kurze Stöckchen aus seinem Lederbeutel und bestätigte seine Diagnose, indem er Rehema mit den Stöckchen über den Kopf und die Gliedmaßen fuhr. Als die Stöckchen, scheinbar wie von selbst, hinter ihrem Ohr direkt am Hals zu vibrieren begannen, war er sich seiner Sache sicher. Mit einem kleinen Messer machte der Mann einen Einschnitt hinter Rehemas rechtem Ohr – es war tatsächlich das Ohr, an dem sie solche Schmerzen hatte. Dann legte er seine großen Lippen auf den Einschnitt und fing an zu saugen. Die arme, entsetzte Rehema weinte und kreischte, versuchte, sich von ihm zu befreien, doch der Mann saugte unbeirrt weiter, bis – siehe da – aus dem Einschnitt zwei weiße, fette Würmer herausgeschlängelt kamen sowie zwei kleine Kakerlaken, die der Mann triumphierend ausspuckte und mit einem teuflischen Grinsen seinen angewiderten Zuschauern präsentierte.

Ich war angeekelt. Haji Roba fuhr fort: Eine Ziege wurde im Hof geschlachtet, deren dunkles Blut in den Sand floß wie ein Gebet. Man füllte es in eine kleine Gurde und gab ein wenig Asche dazu. Der Mann schmierte sich das noch warme Blut in die Haare und aufs Gesicht und schüttete es schließlich über die kaum noch atmende Rehema. Sie wurde dann gnädigerweise ins Bett geschickt, wo sie sich stundenlang weinend hin und her wälzte, bis sie in einen unruhigen Schlaf fiel, der von den Ungeheuern ihres Entsetzens bevölkert wurde.

Als sie aufwachte, wurde sie gewaschen, wieder wurde Blut auf ihren Kopf geschmiert, und wieder legte der ekelhafte Mann seine gierigen, abscheulichen Lippen an ihren zarten Hals.

Inzwischen war der Mund des Mannes von der ganzen Familie genau unter die Lupe genommen worden; er war mit einer Zahnbürste geschrubbt und ausgespült worden, bis alle sich davon überzeugt hatten, daß er tatsächlich leer war und jeder Trick ausgeschlossen. Als dann ein weiterer Wurm auftauchte und noch drei Kakerlaken ausgespuckt wurden, hielten alle den Atem an und beteten vor Ehrfurcht und voller Abscheu zu Allah. Rehema wurde erneut zum Schlafen ins Bett geschickt.

Als sie am nächsten Morgen erwachte, war sie frisch und ausgeruht, der Schmerz war verschwunden und kam nie wieder.

Haji Roba fragte den *muganga*, was er ihm schuldete. Zehn äthiopische Birr, mehr wollte er nicht, weniger als ein englisches Pfund. Der Mann kehrte in die Wildnis zurück, doch zuvor meldeten sich Muminas Mutter, eine Tante und zahllose andere Erkrankte bei ihm, um sich heilen zu lassen. Aus einem entstellten Fuß extrahierte er einige heiße, nasse Steine, aus einem Magen ein paar kleine Schlangen. Dann verschwand er wieder, ruhmbedeckt und nackt, wie er gekommen war.

Haji Roba rückte seine bestickte Kappe zurecht und setzte sein schelmisches, humorvolles Lächeln auf, und ich weiß bis heute nicht, ob er, als echter Muslim, wirklich an das heidnische Ritual glaubte, das er mir geschildert hatte. »*Rehema kwisha pona.*« Er strahlte, zuckte die Achseln. Rehema ist geheilt.

Und das allein zählte.

Haji Roba blickte mich prüfend an, erkundigte sich nach den Kamelen, die wir 1991 in Moyale gekauft hatten, und wollte wissen, wie es ihnen ging. Um meinen Hals trug ich immer noch den kleinen Lederbeutel, den er mir vor all diesen Jahren geschenkt hatte. Er enthielt eine Seite aus dem Koran, ein unbezahlbares Amulett, das mich seither auf all meinen Reisen begleitete. Er schüttelte mehrmals den Kopf, tat unsere europäische Exzentrizität mit einem nachsichtigen Achselzucken ab und erzählte mir, daß er wirklich beeindruckt gewesen war, als er hörte, daß wir es tatsächlich geschafft hatten, die Wüste zu Fuß unter so harten Bedingungen zu durchqueren, denn schließlich war ich eine Frau, hätte damals nicht besonders fit gewirkt, und ein solcher Marsch sei eine wahre Strapaze und nur etwas für Männer.

Der Kameltreck war wirklich ein wahrer Kraftakt gewesen, ohne Zeit zur Muße, zum Waschen, zum Ausruhen.

Die Erschöpfung, die sich aus der Notwendigkeit ergab, lange Märsche in der sengenden Sonne durchzustehen, Staub, Hitze, geschwollene Füße, Blasen, Schweiß, Durst und Zecken zu ertragen; das ständige Auf-der-Hut-Sein vor Raubtieren und Viehdieben; die Angst, sich zu verirren; die Strapaze, mit der zügigen, ausdauernden Gangart der Kamele mitzuhalten; die Sorge um ihre Sicherheit, Gesundheit und Nahrung; der Zwang, die Wasserstellen in der Zeit zu erreichen, die sie und wir durchhalten konnten: all das wurde durch die berauschende Begeisterung für das unglaubliche schöne, wilde und unberührte Land erträglich gemacht, und was mich betraf, durch das Bewußtsein, daß dieses seltene und einzigartige Abenteuer die Erfüllung all meiner Träume war. Mit Anfang Zwanzig war ich bei einem Autounfall schwer verletzt worden. Jahrelang invalide, hatte ich nur mit Krücken gehen können – und immer hatte ich davon geträumt, einmal wieder auf gesunden Beinen durch die afrikanische Savanne zu gehen.

Es war unmöglich erschienen. Es war doch geschehen.

Ich hatte über den Treck Tagebuch geführt, abends im Licht des Lagerfeuers oder wenn wir in der Hitze des Tages im spärlichen und flirrenden Schatten Rast machten. Ich hatte mit Bleistift in ein dickes, gebundenes Schulheft mit schwarzem Pappdeckel geschrieben, die Seiten zerknittert und von Sonne und Regen gebleicht.

Meine Erinnerungen waren zwar noch frisch. Aber bevor ich mit den Fliegenden Ärzten nach Moyale zurückgekehrt war, hatte ich den Bericht noch einmal gelesen, den Bericht dieser herrlichen, unvergeßlichen Reise, mein Tagebuch aus dem Jahre 1991.

Und hier ist es.

Aber war da wirklich nichts als Staub in Arba Jahan?

Der Kameltreck

Wo meine Karawane Rast gemacht hat,
werde ich für dich Blumen ins Gras legen.

EDWARD TESCHEMACHER, *Where my caravan has rested*

Tagebuch, geschrieben während eines Kameltrecks von Moyale nach Lolokwe, über Il Baa Okut: September/Oktober 1991
mit: Osman Nguyu Dupa, Ibrahim Mohamed, Ahmed Salat *(Nyukundu)*, Ahmed Ibrahim Adan *(Nyeusi)*, Mamhood, Gedi, Ibrahim Ahmed, Lwokignei Meto

Dololo Nure, 19. September 1991
Fujiyanyota – Dololo Chaka

Tony Dyer landete um halb zehn Uhr morgens die deHavilland-Beaver in Kuti.

Es konnte losgehen.

Am Abend zuvor war Aidan spät mit dem Flugzeug angekommen. Er war noch immer nicht wieder hundertprozentig auf dem Damm. Das Virus, das sich in ganz Kenia verbreitet hatte und das wir uns beide eingefangen hatten, hatte sich bei mir im Ohr und bei ihm in der Leber eingenistet: so ein Pech. Die Folge war, daß wir unsere Abreise um einige Tage verschieben mußten, aber wir hatten schließlich beschlossen, trotzdem aufzubrechen, denn es war alles vorbereitet, wir freuten uns auf das bevorstehende Abenteuer, und wir mußten den Vollmond ausnutzen.

Wir hatten bereits am Abend zuvor gepackt, um am Morgen abreisefertig zu sein. Wie immer hatte ich viel mehr Proviant dabei, als ich in die Kameltaschen hineinbekam.

Ärgerlicherweise mußte ich Dosen und Tüten mehrmals umpacken, bis ich zufrieden war, und vieles davon zu Hause lassen. Schade um den Lachs und die Artischokenherzen, aber mir gelang es immerhin, ein Schokodessert hineinzuschmuggeln.

Ich nahm zwei meiner Sicherheitsleute mit, beide bewaffnet, Ibrahim Ahmed und Lwokignei Meto, einen jungen Turkana, während Ibrahim vom Ajuran-Stamm ist, wie die meisten von Aidans Kameltreibern. Sie sprechen die wichtigsten Sprachen der Gegenden, die wir durchqueren. Zwar ist nicht damit zu rechnen, daß wir unterwegs jemandem begegnen, aber falls doch, werden wir Dolmetscher brauchen.

Und so ging es los; an einem strahlend blauen Morgen am 19. September brachen wir nach Moyale und zu unserem Abenteuer auf.

Laikipia sah aus der Luft grün aus; doch ich wußte, daß

belaubte Sträucher, Bäche und schattige Lichtungen bald nur noch Erinnerungen in Form von Fata Morganen sein würden.

Wir waren auf dem Weg in die Wüste.

Wir flogen hoch, über unsere Marschroute hinweg: ein imposanter und teilweise trostloser Anblick aus der Luft. Bergketten und ausgetrocknete *luggas*, offene, unfruchtbare Ebenen ohne eine Spur von Wasser, Wüsten, Lavafelsen, scheinbar endlose, schnurgerade, verlassene alte Pisten, die ehemals dazu gedient hatten, Ölfelder zu inspizieren, und die sich jetzt an einem verdorrten Horizont aus Sand, Staub und vertrockneten, offenbar völlig unbelebten Sträuchern verloren.

Einige Strauße und Oryx waren die einzigen Tiere, die ich aus der Luft entdecken konnte; einige Kamele, vereinzelte Rinder – oder vielleicht Ziegen – und endlose Dünen und kahler Sand.

Ausgetrocknete Bäume wie Skelette, grau geworden von der Sonne.

Haji Roba erwartete uns zum Mittagessen. Er wollte es sich nicht nehmen lassen, uns feierlich zu verabschieden, nach muslimischem Brauch. Also mußte ich mich entsprechend anziehen: mit einem Rock, der meine Beine bedeckte. Aidan zog als Zeichen des Respekts eine lange Hose an, die seinem Vater gehört hatte. Meine Khakisachen packte ich in eine Tasche, und ich trug ein neues ziegelrotes Kostüm, etwas Schmuck und ein Kopftuch. Doch während des Fluges lief mir Motoröl über Beine und Arme und hinterließ Flecken auf meinem Rock.

Haji Roba nahm uns bereits auf der Landebahn in Empfang, gelassen wie immer mit einem strahlenden Lächeln in dem sympathischen Borana-Gesicht unter seiner muslimischen Kappe. Wir fuhren in seinem klapprigen, geliehenen Landrover zuerst ein paar Meilen aus Moyale hinaus, um unsere Leute und unsere Ausrüstung zu dem übrigen Team und den wartenden Kamelen zu bringen.

In der Gegend, wo er nun schon seit Wochen die Kamele hütete, trat er aus einer Gruppe Dornenbüsche, die mit weißem Staub überzogen waren: Osman. Ich hatte schon viel von ihm gehört und war nun gespannt darauf, ihn endlich kennenzulernen. Er ist ein ganz besonderer Mensch, schlank, drahtig und intelligent, mit flinken, braunen Augen. Ziemlich klein, aber kerzengerade, und so dünn, wie nur Somali sein können. Er wirkte fit und munter.

Einige Jahre zuvor war dieser Mann, so unglaublich es klingt, nur noch Haut und Knochen gewesen. Er hatte an Magenkrebs im Endstadium gelitten. Ein Wunderheiler machte ihn wieder gesund, und schon nach kurzer Zeit konnte er sich wieder um seine Kamele kümmern. Der Missionsarzt, der auf den Röntgenaufnahmen mit eigenen Augen gesehen hatte, wie weit der Tumor den Magen bereits zerfressen hatte, und Osman bereits aufgegeben hatte, konnte es nicht fassen, als er von der wundersamen Heilung erfuhr.

Ansonsten machte niemand viel Wirbel darum. In Afrika findet man sich mit dem Unerklärlichen einfach ab.

Ich mochte Osman sofort. Klein und flink, auf dünnen Beinen, kam er auf mich zu und gab mir die Hand.

»*Jambo, memsaabu*«, begrüßte er mich, und seine weißen Zähne blitzten. Ich bemerkte verwundert, daß er die tiefe Stimme eines viel größeren Mannes hatte.

Seine feuchten Augen blickten mich forschend an, und ich fragte mich, ob ich die Prüfung bestanden hatte. Der Treck, den wir vor uns haben, verlangt außerordentliches Durchhaltevermögen und ist eine immense Herausforderung, vielleicht nicht unbedingt das richtige für eine Frau. Zweihundertachtzig Meilen ohne Wasser in einem Gebiet, in dem *shiftah* ihr Unwesen treiben. Aidan, ich – die einmal ein verkrüppeltes Bein gehabt hat – und acht Mitarbeiter, unter ihnen Osman.

Osman. Nach seiner wundersamen Genesung, so erzählte mir Aidan, hatte Osman sich eine neue junge Frau gekauft und war in die äthiopischen Berge gegangen, um nach Gold zu graben. Nach mehreren Monaten harter Arbeit hatte er erst eine geringe Menge Gold gefunden. Als ihm dann auch noch schwante, daß er zwangsweise für den Kampf gegen die Eritreische Befreiungsfront rekrutiert werden könnte – viele seiner Freunde waren in Ketten geholt worden –, ging er klugerweise zurück nach Moyale und seinen Kamelen, seiner wahren Leidenschaft.

»Können Sie mir helfen?« Er zeigte auf seinen Kopf, wo ich jetzt erst eine lange, geschwollene Wunde entdeckte, aus der noch dickflüssiges Blut quoll. Er war gegen einen scharfkantigen Aststumpf geprallt, als er versucht hatte, ein Kamel festzuhalten, das in der Nacht zuvor von einer Hyäne aufgeschreckt worden war. Alle anderen Kamele waren durchgegangen, doch bis auf zwei, die spurlos verschwunden waren, hatte er sie alle wie durch ein Wunder und dank des Vollmonds wiedergefunden.

Das Blut auf seinem kurzgeschnittenen Haar sah erschreckend hell und glänzend aus, und ich verarztete ihn mit blutstillender Watte aus meinem Erste-Hilfe-Kasten.

Haji Roba bewirtete uns mit der üblichen Auswahl von gebratenem und geschmortem Ziegenfleisch, mit großen Schüsseln dampfendem Reis und Fleisch, Datteln, *chapati*, Bananen in dicken Stücken; zum Trinken gab es *susha*, den rauchigen Joghurt, der aus Kamelmilch mit Gewürzen und Zucker zubereitet wird, sowie Kardamomtee und Sodawasser. Ich entschied mich für eine Cola, die letzte für sehr lange Zeit.

Ich überreichte Haji Robas zweiter Frau Mumina, die gerade einen Sohn zur Welt gebracht hatte, mein Geschenk: eine vergoldete und reichverzierte Wanduhr. Sie umarmte mich herzlich. Meine Tochter Sveva hatte Muminas ältester Tochter Rehema zwei funkelnde »Diamant-Gold«-Armbänder geschickt. Rehema, dieses entzückende, anmutige kleine Mädchen von vielleicht zehn oder elf Jahren, bediente uns mit ungemein ernsthafter Konzentration und balancierte geschickt wie eine Tänzerin die Teller mit einer Hand.

Haji Roba überreichte mir sein Geschenk: einen kleinen handgenähten Lederbeutel, der eine Seite des Heiligen Korans enthielt – ein wertvolles Amulett, das mich auf meinen Reisen beschützen sollte. Er betrachtete mich nachdenklich, als ob er herausfinden wollte, ob ich es schaffen würde – zu Fuß durch die Wüste.

Schließlich eisten wir uns mit einiger Mühe von unseren freundlichen Gastgebern los und brachten Tony zu seiner Beaver auf die Startbahn; es war schon ziemlich spät für seinen Rückflug nach Timau.

Zum Abschied schenkte mir Tony zwei Schachteln sonnengetrocknete Rosinen aus seinem Weinberg: das Symbol für eine europäische Welt, die schon jetzt unendlich weit von der Realität entfernt war, für die wir uns entschieden hatten. Er tippte sich an den Hut, ritterlich wie eh und je, kletterte in sein Flugzeug und hob in einer Staubwolke ab. Ich eilte hinter ein übelriechendes, häufig benutztes Klo im Freien, um mich umzuziehen.

Als ich Tonys Flugzeug in der Nachmittagssonne verschwinden sah, dachte ich, daß nun auch die letzte Verbindung zu unserer Welt nicht mehr da war. Wir waren auf uns allein gestellt: Der einzige Weg nach Hause führte durch das bedrohliche, ausgedörrte Gebiet.

Schon vor ewigen Zeiten, als ich nach einem Autounfall mit einer schweren Beinverletzung im Krankenhaus lag, habe ich genau hiervon geträumt: durch ein unbekanntes Gebiet in Afrika zu wandern, durch eine Savanne, in der es von wilden Tieren nur so wimmelt, mit einem Mann wie aus einem Roman – der in dieses Afrika gehört – als meinem Führer und Begleiter. Mein Traum von Afrika hat mich durchhalten lassen, obwohl ich mir damals realistischerweise nie hätte vorstellen können, daß dieser Traum in Erfüllung gehen würde.

Ich habe diesen Mann kennengelernt, als mein Leben von einem tragischen Unglück, von Veränderung und Einsamkeit geprägt war; und nun, in der reifen Blüte meines Lebens – meine körperlichen Wunden sind geheilt, und meine Seele ist von weiteren Narben gezeichnet, wie ein alter Baum mit Schnitten und Kerben in der ausgetrockneten Rinde –, sehe ich hier der Herausforderung des Unbekannten entgegen.

Ich blicke Aidan an: sein zerfurchtes Gesicht, in vielen Jahren von der Sonne verbrannt und von Wind und Wetter gegerbt; der edle Kopf mit den klassischen maskulinen Gesichtszügen; tiefblaue Augen, denen die Wüsten und Berge, die Weiten über den treibenden Wolken vertraut sind; lange muskulöse Beine und eine schlanke Figur, wie geschaffen für müheloses Wandern; er ist in der Vergangenheit in mein Leben getreten, ist verschwunden und zurückgekehrt, an meine Seite.

Daß er mich zu diesem Abenteuer eingeladen hat, ist eine große Ehre für mich, nicht nur, weil er seine Einsamkeit mit mir teilen will, sondern weil er glaubt, daß ich es schaffen kann.

Während des Fluges über das Land, das wir durchwandern wollen, waren mir Zweifel gekommen: Die Landschaften wirkten unversöhnlich, die Entfernungen riesig. Würde ich das schaffen? Mutete ich mir zuviel zu? Entdeckte ich da in Tonys Augen einen Anflug von Zweifel? War der Plan zu ehrgeizig? Auch wenn mein verkrüppeltes Bein schon seit langem geheilt ist, bin ich mir dessen bewußt, daß mein Knie bis heute nicht seine volle Flexibilität wiedererlangt hat, und es gibt Anzeichen dafür, daß mein Bein nun, fast zwanzig Jahre nach der letzten Operation, wieder kürzer zu werden beginnt.

Wie auch immer, ich gehe das Risiko ein. Ich habe jetzt keine andere Wahl mehr und bin entschlossen, es zu versuchen; ich will Aidan nicht enttäuschen.

Und jetzt ist es soweit.

Ich trug neue »weiche« (dachte ich! ein Irrtum) Wanderschuhe, eine ausgebeulte Hose und ein Khakihemd.

Unsere Kamele warteten in Fujiyanyota, von einem tüchtigen Osman bereits bepackt, an dessen Kopf die gelbe blutstillende Watte das Blut getrocknet hatte und wie eine kleine exotische Feder klebte.

Ich bestaunte die neuen Kamele. Bis zum Vollmond war es Ibrahim nur gelungen, achtzig zu kaufen, nicht hundert, wie wir gehofft hatten. Jetzt waren noch achtundsiebzig übrig, da zwei durchgebrannt waren, als die Hyäne nachts die Herde zerstreut hatte. Neun große, eindrucksvolle Hengste, und der Rest prächtige, junge Stuten, die noch nicht gedeckt worden waren, überwiegend weiß und hübsch, mit einer würdigen, anmutigen Ausstrahlung. Ich erfuhr, daß die Natur ihnen auf diese Weise hilft, sich den Extremtemperaturen anzupassen. Ein dunkleres Fell würde die Sonne anziehen und die Hitze unerträglich werden lassen.

Um halb sechs Uhr brachen wir von Fujiyanyota auf.

Der sich langsam rötende Himmel verhieß bereits den anbrechenden Abend.

Ibrahim Ahmed schnitt von einem biegsamen Strauch am Wegesrand für mich einen neuen Kamelstock ab. Er entfernte die Rinde mit geschickten Schnitten und reichte mir den Stock mit einem freundlichen, galanten Lächeln. Ich weiß, ich werde diesen Stock irgendwann wie einen Freund betrachten. Ein Kamelstock, den ich mir quer über die Schultern legen kann, an den ich meine Müdigkeit hängen kann, an dem ich mich mit trockenen Händen festhalten kann, ihm das ganze Gewicht meines Oberkörpers überlassend. Ein Kamelstock ist Gold wert.

Wir marschierten ohne Unterbrechung, durch sandiges, ausgetrocknetes Land, übersät mit Büschen irgendeiner skelettartigen schwarzen Pflanze, eine verlassene Piste entlang.

Schließlich überholte ich die Herde Weibchen.

Ich ging lieber ein Stück voraus, mit dem Gefühl, selbst den Weg wählen zu können, als das Schlußlicht zu bilden und ständig darauf bedacht sein zu müssen, im Staub mit einer unbeirrt vorwärts schreitenden Herde Schritt zu halten.

Als wir etwa eine Stunde unterwegs waren, wurde eines der Packkamele, die hinten gingen, durch wer weiß was für eine Kleinigkeit erschreckt, vielleicht weil es einfach nicht gewohnt war, Lasten zu tragen. Es bäumte sich auf, ein Lederriemen zerriß, und die ganze Ladung fiel herab.

Die aufgeschreckten Weibchen fielen vor Panik in

Trab. Ich sah sie alle auf mich zukommen, den Kopf erhoben, die Nüstern aufgebläht. Die Erde bebte hohl unter ihren stampfenden Hufen. Nicht wissend, was passiert war, sprang ich einfach in das nächste Dickicht, um nicht zertrampelt zu werden.

Das Kamel wurde wieder beladen, was einige Mühe kostete, da sämtliche Pakete in alle Richtungen zerstreut waren.

Wir waren noch frisch und marschierten weiter. Die Sonne versank hinter den spinnenartigen Sträuchern an einem blutroten Himmel, und es war Nacht. Der Mond stand hoch und warf ein weißgrünes Licht auf die gespenstischen Formen.

Ein durchdringender – nicht unangenehmer – trockener Kamelgeruch in trockenem Gebiet, Dung, Staub, dornige, aromatische Pflanzen. Seltsam, dachte ich, wie der Geruch von rohem Tabak.

Langsam begannen meine Füße, Knie und Gelenke zu schmerzen, waren taub, noch nicht gewöhnt an das stundenlange Marschieren ohne Pause – Kamele machen keine Pausen.

Wir gingen fünf Stunden ohne Unterbrechung. Schließlich machten wir vor einem Lavafeld (*bule* auf swahili) bei Dololo Chaka Rast. Die Männer errichteten ein *boma* aus Sträuchern, machten ein Lagerfeuer, und wir bekamen jeder einen dampfenden Becher Tee.

Meine Beine fühlten sich an wie Holzpfähle, und die Füße schmerzten höllisch. Ich ließ mich erschöpft auf meine Kamelmatte fallen, auf die Aidan ein Schaffell gelegt hatte. Er deckte mich mit einer dicken Wolldecke zu. Ich bedeckte meinen Kopf mit einem Somali-Tuch, das mit aromatischem Salbeiöl besprenkelt war, damit ich besser atmen konnte, und schlief augenblicklich ein, trotz des Geplappers der Somali.

Ich erwachte mit hämmernden Kopfschmerzen. Am Himmel stand ein kalter Mond, und meine Uhr zeigte halb zwei Uhr morgens. Ich nahm zwei Aspirin mit Wasser aus meiner Feldflasche und fand gerade noch eine Stunde Schlaf, bevor ich um kurz nach vier aufstand. Aidan war schon aufgestanden und gerade dabei, die anderen zu wecken.

20. September 1991
Dololo Chaka – Laga Mudama

Wir brachen kurz nach sechs auf. Der Himmel war rosa, kein Lüftchen regte sich, Vorbote eines heißen Tages. Es dauerte lange, bis die Kamele bepackt waren. Der Morgen roch nach Harz und dem Unbekannten, das vor uns lag.

Wir marschierten unaufhörlich, folgten der Piste, passierten eine Lavafläche, dann eine Ebene und schließlich wieder eine lange Fläche Lavagestein. Die Straße war staubig, mit vielen Fährten, überwiegend von Hyänen, Grant-Gazellen, Giraffen, und vielen, vielen sehr großen Löwenspuren. Ich rechnete jeden Augenblick damit, einen Löwen zu sehen.

Wir machten um zehn Uhr Rast, nachdem wir vier

Stunden marschiert waren und seit fünf am Nachmittag des Vortages – war das erst gestern gewesen? – in insgesamt neun Stunden mehr als zweiundzwanzig Meilen zurückgelegt hatten.

Kein schlechter Anfang.

Heiß, staubig, als wir Pause machten. So müde. Aß eine heiße Bouillon, Sardinen direkt aus der Dose und eine Orange.

Schlief ein bißchen. Schrieb den ersten Teil meines Tagebuches.

Der Ort hieß Dololo Nure, vor dem Berg Kubi Maradab. Um halb fünf zogen wir weiter.

Aidan ritt eine Zeitlang auf einem der Packkamele. Mein Bein tat weh.

Wir gingen viereinhalb Stunden lang bis neun Uhr abends und machten in einem *lugga* namens Laga Mudama Rast.

Ich aß eine Orange, trank fast eine Flasche Wasser und schlief sofort ein, völlig erledigt.

Garsa, 21. September 1991
Laga Mudama – Choichuff

Um fünf Uhr morgens aufgewacht. Habe sehr tief geschlafen. Kopfschmerzen. Ich muß mich wohl erst noch an die Hitze und die pausenlosen Märsche gewöhnen. Nachdem ich praktisch ein Jahr lang am Schreibtisch gesessen habe, um mein Buch abzuschließen, wird es noch eine Weile dauern. Mein Bein tut weh. Ich *muß* es schaffen. Es gibt sowieso kein Zurück, und ich habe so lange davon geträumt.

Eine Orange. Wasser.

Zwischen fünf und sechs Uhr morgens ging es weiter.

Herrlich bewölkter Himmel. Nach den ersten beiden Stunden nahm ich Aidans Vorschlag an und ritt. Wie unglaublich hoch das Kamel war. Behagliche, komische, wiegende Bewegungen: Ich schlief zweimal ein. Schreckte aus dem Schlaf, aus Angst, aus dem Sattel zu fallen.

Wunderschöne Landschaft, mit Bäumen übersät. Kühl und windig.

Sah zwei Giraffen dahertraben, Grant-Gazellen. Überall Perl- und Frankolinhühner, aber sie sind zu schnell für Aidan. Wir wollen unsere Nahrung schießen, bis wir in das gefährliche *shiftah*-Gebiet kommen, wo ein Schuß uns verraten könnte, und das wollen wir vermeiden. Hier sind Menschen bereits für weniger als eine Uhr getötet worden. Schon allein unsere Schuhe könnten uns das Leben kosten.

Aidan ging vier Stunden lang voraus, sein Gewehr geschultert, und er wirkte sehr müde. Die schwere Grippe, die wir beide hatten, hat ihm stark zugesetzt.

Es fing plötzlich an zu regnen, ein Segen, wir wurden von winzigen durchdringenden Nadeln Wasser bis auf die Haut durchnäßt. Ich ließ mir die warmen Tropfen übers Gesicht laufen und leckte den Regen von meinen Händen. Pitschnaß in wenigen Sekunden. Im Nu trockneten meine Sachen auf der Haut, wie Blätter, und ich fühlte mich erfrischt.

Jetzt ist zehn Uhr morgens, nach vier Stunden Marsch rasten wir auf einer herrlichen grünen Ebene mit großen Bäumen, genannt Garsa, und ich kann mein Tagebuch hier fortsetzen; wie gern hätte ich die Zeit, mir die Bäume *richtig* anzusehen, in ihrem Schatten zu verweilen, alles in Ruhe zu erkunden, verborgene Tiere und zauberhafte Winkel zu entdecken.

Wir werden wahrscheinlich nie wieder in diese Gegend kommen, und wir können eigentlich nicht behaupten, alles gesehen zu haben, aber ich schaue mir die Landschaft sehnsuchtsvoll aus der Ferne an. Es gibt einen Rhythmus für Poesie, Kreativität und Besinnung, und dafür braucht es den Einklang von Körper und Seele. Eine erholsame Ruhe. Eine Pause.

Die Sklaven, die die Pyramiden bauten, schrieben keine Gedichte.

Aber ich habe von vornherein gewußt, daß diese Safari kein Sonntagsausflug wird. Sie ist ein Kraftakt, der Durchhaltevermögen verlangt. Bin ich gut genug? frage ich mich. Ich möchte Aidan auf keinen Fall im Stich lassen. Er vertraut mir und glaubt daran, daß ich imstande bin, lange Märsche und Strapazen zu ertragen. Ich muß seinen Erwartungen gerecht werden. Zur Hölle mit den Blasen.

Osman hat eine kräftige Ochsenschwanzsuppe aus der Dose mit frischen Zwiebeln zubereitet. Er ist nicht gerade der beste Koch auf dieser Seite des Äquators, aber er gibt sich Mühe. Merkwürdig, wie wohltuend warmes Essen in der Hitze ist. Eine kurze Vision von einem Glas gekühlten Weißwein, Tröpfchenperlen am Glas, klingendes Eis. Nein, wir brauchen das nicht, und ich sollte es nicht vermissen.

Aidan schläft jetzt unter einer Akazie.

Ich genieße das Ganze, wirklich. Auch die Kamele sind mir ans Herz gewachsen.

In der Ebene von Arba Jahan, 23. September 1991
Choichuff – Baji – Arba Jahan

(Kein Tagebucheintrag am 22. September, ich war zu müde.)

Wieder unterwegs am Nachmittag des 21. September.

Ich ging zu Fuß, Aidan ritt anfangs. Ich vermute, er macht das meinetwegen, damit ich mir, wenn ich reite, nicht schwach vorkomme. Er beobachtet mich. Ich weiß, daß er sich Sorgen um mein krankes Bein macht.

Ich ging voraus und biß die Zähne zusammen. Herrliche Landschaft, und die ganze Zeit wurden wir von einem gespenstischen Konzert »pfeifender Dornen« begleitet. Das unheimliche Geräusch des Windes, der durch die Zweige fegt.

Ein paar vereinzelte Grant- oder Peter-Gazellen; eine Schar Geier-Perlhühner, mit blauem Gefieder wie Spitzenkrägen, mitten auf der Piste. Überall mächtige Löwenspuren und Hyänen-, Honigdachs-, Schakal- und Oryxspuren. Ein riesiger Adler-Bussard beobachtete mich von einem vertrockneten Baumstumpf aus; ein tiefblutroter Sonnenuntergang. Stille.

Ich ging auf dem Sand voraus, glücklich, hier zu sein, stolz, es gewagt zu haben.

Aidan bestand schließlich darauf, daß ich reite, und nach zwei Stunden willigte ich ein.

Mein Kamel hieß Racub. Ein großer, sanfter, weißer Ajuranhengst. Rauher Sattel; hart; nachdem ich den Vormittag geritten war, waren meine Beine weich, der Schritt tat mir weh. Eine starke Brise war eine Wohltat für mein brennendes Gesicht.

Es ist seltsam, auf einem Kamel zu sitzen und seine geduldigen, ausdauernden Artgenossen zu beobachten. Ihre fremden, aufmerksamen Augen mit den langen Wimpern suchen den Boden ab, auf dem sie mit weichen, sanften Füßen gehen.

Und ringsherum und vor uns Meilen über Meilen unberührtes, friedliches Land.

Bei Sonnenuntergang gelangten wir auf ein Lavafeld, das kein Ende nahm.

Ich war von vier bis sechs Uhr nachmittags gegangen und dann bis zehn geritten, vier Stunden lang.

Kurz nach dieser endlosen Lavastrecke endlich Rast, als wir im Staub ein altes *boma* fanden, wo wir unsere Matten ausbreiteten, allerdings leider zu dicht bei den wiederkäuenden Kamelen und den Leuten, die sich am Lagerfeuer unterhielten.

Ein kräftiger Mond, der mir fast voll ins Gesicht schien.

Ich schlief nicht sehr gut, aß aber mit Heißhunger köstliches italienisches Dosenfleisch und eingelegte Zwiebeln, hier am Äquator eine willkommene Delikatesse.

Heute, am 22. September, wachten wir um Viertel vor fünf auf; noch dunkel. Millionen funkelnder Sterne. Es roch nach Staub, Kameldung, der Hitze des neuen Tages. Wir schafften es, um zehn vor sechs aufzubrechen, ein neuer Rekord. Eine Orange zum Frühstück. Ein Segen, diese Orangen, solange sie reichen. Saftig, frisch, durststillend. Eine Orange ist ein Luxus, eine Wonne, ein wertvoller Schatz.

Ein Lavafeld. Braunschwarze Lavasteine, wie polierte Bronze, werden in der Mittagssonne fast glühend heiß, brennen sich durch unsere Schuhsohlen, eine Tortur auch für die Kamele. Abwechslungsreiche Landschaft.

Bald wichen die runden, dunklen Lavasteine einer Landschaft mit *acacia tortilis*, tiefschokoladenbrauner Boden mit vereinzelten Kalksteinen, verblüffend weiß. Ein Gefühl, als ginge man auf einem riesigen Stück Schokolade, gesprenkelt mit Haselnüssen und Mandeln. Überall Tiere, und viele Spuren.

Grant-Gazellen.

Zwei Giraffen.

Ein Oryx, wie eine Höhlenmalerei.

Löwenspuren.

Stachelschweinspuren und herumliegende gestreifte Stacheln, die ich einsammelte und in die Tasche steckte, wobei ich die ganze Zeit kicherte.

Die Ausdauer dieser Menschen.

Die freundlichen Ajuran-Kameltreiber, die er in Moyale eingestellt hat, Gedi und Mamhood, sind unermüdlich.

Gedi trägt einen fließenden, langen, karierten Somali-*kikoi*, türkisfarben und blau, und einen leichten, weißen *shuka* über der Schulter. Mehr besitzt er nicht, und es scheint ihn nicht zu stören. Er ist, ohne sich dessen bewußt zu sein, attraktiv und auf natürliche Weise elegant wie ein Kamel oder eine Antilope. Schmale Handgelenke, schlanke Fußknöchel. Mir kommt der Gedanke, daß sich die Kleidung der Somali nicht verändert hat, seit die Heiligen Drei Könige aus dem Orient dem neugeborenen Jesus von Nazareth Gold, Weihrauch und Myrrhe als Geschenk überbrachten.

Kamelspuren im Sand, rund, weich und sanft.

Nach viereinviertel Stunden Marsch ritt ich wieder drei Stunden; um zehn Uhr morgens machten wir Rast an der heißesten Stelle – Choichuff – und wurden augenblicklich von allen erdenklichen schnellbeinigen Zecken attackiert.

Eine sehr heiße Siesta; Fliegen.

Ibrahim Ahmed quetschte sich beim Abladen einen Fingernagel, der rot und gelb wie eine blutige Klaue aussah, und ich verarztete ihn, bevor er ihn sich einfach abriß, für ihn die einfachste und endgültigste Lösung. Der Nagel mußte ihm auch so schon höllische Schmerzen bereiten. Ich schmierte einfach ein wenig antibiotische Salbe darauf und legte einen sterilen, festen Verband an, damit kein Schmutz in die Wunde gelangt. Ibrahim Ahmed hat eine merkwürdige Traurigkeit in den Augen, selbst wenn er lächelt: »*Ah. Wewe doktary khabisa!*« (Oh. Sie sind eine richtige Ärztin) lobte er mich glücklich, den Schmerz offenbar kaum noch spürend. Sie alle scheinen von meinem Erste-Hilfe-Kasten beeindruckt.

Meine beiden Männer aus Laikipia sehen gut aus in ihren identischen grünen kurzen Hosen und Militärhemden, mit ihrer Safariausrüstung und ihren Waffen. Ich registriere, daß Lwokignei Mamhood häufig bittet, für ihn seine Waffe zu tragen, aber ich sehe darüber hinweg: hier, in dieser gottverlassenen Gegend, können bestimmte Regeln etwas lascher gehandhabt werden, andere jedoch müssen strikt befolgt werden.

Wenn hier irgend etwas passiert, jemand ernsthaft verletzt wird, schwer erkrankt oder von einer Schlange gebissen wird, können wir uns nur auf uns selbst verlassen. Es besteht keine Möglichkeit, mit dem Rest der Welt in Verbindung zu treten, und bislang sind wir noch keiner Menschenseele begegnet.

Am Nachmittag des 22. September brachen wir um Viertel nach fünf auf; es war gnadenlos heiß. Aidan ritt die ersten anderthalb Stunden. Mein Kopfkissen wurde unter den Sattel gelegt, so daß er jetzt sehr viel bequemer ist.

Es wehte eine wohltuende Brise.

Ich ritt dreieinhalb Stunden, bis zehn Uhr abends; Rast an einer staubigen Stelle in einer Gegend namens Baji, einem ausgetrockneten Wasserloch.

Ich saß im Dunkeln neben dem Feuer, zog mir die Schuhe aus und inspizierte die Blasen an meinen Füßen und die Kratzer und Schnitte, die ein paar Tage Gewaltmarsch an meinem Körper hinterlassen haben. Erneut mußte ich daran denken, wie sehr ich all die Monate und Jahre von diesem Erlebnis geträumt habe. Ich massierte mein Bein, wo lange Narben von etlichen Operationen zurückgeblieben sind. Aidan beobachtete mich: »Erstaunlich, daß du überhaupt wieder gehen kannst. Der Schweizer Chirurg hat ein wahres Wunder vollbracht. Wie hieß er noch gleich? Ach ja, Professor Müller. Er wäre stolz auf dich, wenn er dich jetzt sehen könnte.« Er lächelte mich an. »Du solltest ihm schreiben, ihm danken, ihm ein Foto schicken.«

»Professor Müller. Wo er jetzt wohl sein mag ... es ist über zwanzig Jahre her ... vielleicht ist er schon tot.«

Aidan stocherte im Feuer, legte ein Scheit nach, streckte sich wohlig auf seiner Matratze aus. Er verschränkte die Hände hinter dem Kopf und blickte zum Himmel hinauf. Seine dunkelblauen Augen wirkten fast schwarz. Wieder fiel mir seine Ähnlichkeit mit Paolo auf. »Erzähl mir von ihm. Ich höre so gern deine Geschichten von früher.«

Mit einem Becher heißer Suppe in der Hand wickelte ich mich wärmer in mein Umhängetuch, unter einem funkelnden Sternenhimmel lauschte ich den Schakalen in der Ferne und schloß die Augen. Aus der Schatztruhe, in der meine Vergangenheit schlummert, tauchte ein Gesicht auf, Bilder von Orten, an denen ich lange nicht mehr gewesen bin, Reisen mit dem Zug, Krankenhausgerüche, Vögel, die mit ihren Schnäbeln gegen die Scheiben meines Fensters picken, ein Lächeln über einem kleinen Schnauzbart, blitzende braune Augen, starke Hände, mein bandagiertes Bein. Hoffnungen, Ängste, Schmerzen, Vertrauen ... und die Erinnerungen kehrten zurück.

»Gehen Sie. Gehen Sie im Zimmer auf und ab.« Sein starker Akzent wirkte energisch-autoritär, doch seine Stimme klang gütig. »Nein. Ohne Krücken.«

Er nahm mir die langen Metallstöcke ab, die für mich inzwischen Teil meiner Anatomie geworden waren. Ich blickte ihn flehentlich an: ohne Krücken fühlte ich mich verwundbar, unvollständig.

»Gehen Sie.«

Ich humpelte wie eine lahme Ente, hinkte auf dem kürzeren Bein, biß mir vor Konzentration auf die Lippen. Als ich mich umdrehte, runzelte er die Stirn. Wieder hielt er die Röntgenbilder gegen das Licht. Er hatte sie natürlich bereits genauestens studiert, bevor er sich bereit erklärt hatte, mich zu behandeln. Komplizierte Fälle interessierten ihn.

Ich begriff, daß er – wie ein Bildhauer, der von der Statue träumt, die er aus einem Klumpen Ton formen wird, oder wie ein Architekt, der die komplexe Restaurierung eines beschädigten Gebäudes plant – genau wußte, was er erreichen wollte, auf welche Probleme er stoßen konnte und wie er sie lösen würde.

Ich blickte ihn mit bedingungslosem Vertrauen an. Er war die einzige Hoffnung, die mir noch blieb, je wieder normal gehen zu können.

Professor Müller, der für seine Wunderwerke legendäre orthopädische Chirurg in Bern, war der beste Arzt, den ich mir für den Beinbruch wünschen konnte, Folge des tragischen Autounfalls, bei dem Paolos Frau gestorben war; nur er würde wiedergutmachen können, was mißlungene Operationen und schwere Gipsverbände verschandelt hatten; nur er würde mein geschrumpftes und schiefes Bein heilen können; nur mit seiner Hilfe würde ich wieder gehen können.

Er blickte mich eindringlich an.

»Sie werden drei Operationen brauchen, vielleicht sogar vier.«

Er hielt inne, um zu sehen, wie seine Worte auf mich wirkten. Ich schluckte. Nachdem ich ein Jahr in Gips gelegen und zwei schmerzhafte Operationen durchgestanden hatte, erschien mir die Aussicht, noch viermal operiert zu werden und die Zeit dazwischen überstehen zu müssen, wie eine Ewigkeit. Wie die Hölle. Mittlerweile war ich seit über einem Jahr ein Krüppel. Der Gedanke an weitere Krankenhausaufenthalte, gymnastische Übungen, Narkosen war unerträglich. Ich sagte nichts.

Er sah mich an, räusperte sich.

»Es ist machbar. Es wird nicht einfach werden. Es

braucht seine Zeit. Sie müssen mir helfen. Sie sind zu jung, um so behindert zu leben.«

Zu jung. Ich war gerade sechsundzwanzig geworden, Emanuele war vier Jahre alt, und mir war, als würde ich aus einem langen Schlaf erwachen und plötzlich vor der Möglichkeit stehen, für den Rest meines Lebens behindert zu sein.

Ich konnte es mir einfach nicht leisten, nicht gehen zu können. Da war Paolo. Da war mein Traum. Ich wollte in Afrika leben. Nur das zählte. Wenn ich vier weitere Operationen über mich ergehen lassen mußte, dann sollte es eben so sein.

Ich blickte ihn an, und es gelang mir zu lächeln.

»Danke«, war alles, was ich sagen konnte.

Das Licht über mir blendete mich. Ich blinzelte. Schon spürte ich, daß die Wirkung der Vornarkose allmählich einsetzte. Ich blickte hoch. Das freundliche, intelligente Gesicht lächelte zu mir herab. Braune, lebhafte Augen. Die Chirurgenmaske verdeckte seinen kleinen, dunklen Schnauzer. Er nahm meine Hand, drückte sie. Benommen staunte ich über die Kraft dieser kleinen Hand.

»Sie werden wieder gesund. Verstehen Sie?« Der hüpfende Schweizer Akzent in seinem geschliffenen Französisch. Er schwenkte eine Art Maßband. »Ihr Bein wird genauso lang werden wie das andere.«

Die braunen Augen blitzten. Eine Nadel in meinem Arm.

»*Maintenant, contez avec moi. Jusqu'à six. Un, deux ...*«

Ich holte tief Luft und zählte mit ihm weiter, »... *trois, quatre, cinq* ...« Bis sechs kam ich nicht mehr.

Ich wachte in meinem Bett auf, einige Stunden meines Lebens für immer aus meinem Bewußtsein verschwunden. Mein Bein fühlte sich schwer an, belastet, aber es waren keine echten Schmerzen.

Meine Mutter, die aus Italien gekommen war, um mir zu helfen, betrachtete mich besorgt.

»Die Operation hat länger gedauert, als er gedacht hat, er mußte praktisch zwei Operationen auf einmal kombinieren. Vier Stunden.«

Die Tür meines Zimmers öffnete sich leise, und er kam herein. Er trug noch immer seine OP-Kluft und trat an mein Bett. Nach meinen Erfahrungen mit wichtigtuerischen Auftritten italienischer Ärzte, die stets mit einer Eskorte katzbuckelnder Assistenten und einem Heer von Krankenschwestern kamen, überraschte mich seine Schlichtheit. »*Ma chère amie ... ça va?* Stehen Sie auf und zeigen Sie mir, wie Sie gehen.«

Fassungslosigkeit, Unsicherheit, Angst davor, umzufallen. So kurz nach einer solchen Operation zu stehen und zu gehen erschien mir unmöglich. Er half mir hoch und befestigte die Kanüle am Gürtel meines Krankenhaushemdes. Er hielt meine Hand. Ich stand.

Auf dem grauen Linoleumboden des ganz in Weiß und Stahl gehaltenen Krankenzimmers von Lindenhof machte ich an einem Nachmittag Ende Juli mit tanzendem Herzen den ersten zaghaften Schritt meines neuen Lebens, nicht mehr als Krüppel, den ersten Schritt auf meinem Weg nach Afrika. Eines Tages würden es die grasbewachsenen Ebenen der Savanne sein, die Korallenriffe des Indischen Ozeans, die Hänge des Great Rift Valley, und jetzt ist es der Sand entlegener Wüsten, die Lavasteine der Pisten im nördlichen Grenzgebiet Kenias. Ich verdankte Professor Müller einen Großteil meines Lebens. Ich pries ihn, als ich vor einem wilden Tier davonlaufen, auf einen Baum klettern mußte.

Professor Müller. Ich lächelte Aidan an. Ein außergewöhnlicher Mann, ein Erfinder und ein Zauberer. Ich erwähnte ihn in meinem ersten Buch, zum Dank; ich bezweifle, daß er es je gelesen hat. Ich frage mich, ob er noch immer arbeitet, ob er noch lebt. Er kam mir damals alt vor. Ich glaube nicht, daß ich ihn wiedersehen werde. Es ist alles so lange her.

Ich legte mich auf meine Kamelmatratze, die ein Laken und eine Wolldecke hat. Das Laken ist ein Luxus, eine Wohltat für schmerzende Glieder.

Die Vergangenheit ist vergangen, und das hier ist meine Wirklichkeit.

Weit weg vom Lärm der Kamele und des *boma* – danke, Aidan – verbrachte ich die bisher beste Nacht.

Sehr früh aufgewacht.

Wir schafften es, gegen halb sechs aufzubrechen, ein Rekord. Heiße und sehr staubige Piste. Ich war entschlossen, zu Fuß zu gehen, die Kamele machen mich träge.

Gestern überlegte ich mir einige Geschichten für mein

nächstes Buch; auf diese Weise kann ich mich ablenken und finde es nicht so ermüdend und anstrengend, stundenlang in – fast – völligem Schweigen zu marschieren. Gestern hatte ich die Idee zu den Geschichten »Der Hai von Vuma« und »Fifty Guineas' Pike« und formulierte »Die Vollmond-Insel« im Kopf aus. Werden sie je geschrieben und gedruckt? Schaffe ich hier in dieser Wüstengegend ein neues Buch?

Heute überlegte ich mir »Die Geschichte von Nungu Nungu«; da sie Aidan gefällt und er mir geraten hat, sie zu schreiben, werde ich sie ihm widmen. Ich machte den Gedankenentwurf für »Emanueles Chamäleons« und hatte plötzlich den Titel für eine andere Geschichte im Kopf: »Nichts als Staub in Arba Jahan«, auf den mich wohl der ewige Staub auf diesem Treck gebracht hatte. Es wäre ein passender Titel für die Chronik dieser Safari.

Wie sachte die Kamele doch gehen. Wären sie Rinder, wäre der von den Hufen aufgewirbelte Staub einfach unerträglich.

Nach einem elend langen Marsch schwenkten wir schließlich Richtung Südwesten auf die endlos lange Piste nach Arba Jahan. Wir dürfen auf keinen Fall zu den Brunnen, wo sicherlich *shiftah* lauern.

Ich bewundere, wie gekonnt Aidan mit dem alten Messingkompaß umgehen kann, wie er immer wieder unsere Richtung bestimmt; es erscheint mir unvorstellbar, daß wir hier je wieder rauskommen.

Heute begegneten wir dem ersten Menschen, seit wir

vor vier Tagen aufgebrochen sind, die mir allerdings wie vier Monate vorkommen, die Zeit hat jede Bedeutung verloren. Es war ein freundlicher Kameltreiber vom Ajuran-Stamm, kräftige Statur, mit einem Speer mit einer merkwürdigen blattförmigen Spitze in der Hand. Er wollte uns ein Kamel verkaufen, sogar auf Kredit.

Jetzt machen wir Rast auf den Ebenen von Arba Jahan, einer windgepeitschten, ungeschützten Gegend mit vereinzelten Bäumen. Strohiges Gras. Alle Kamele haben beschlossen, ausgerechnet von dem Baum zu fressen, den wir für unsere Mittagsruhe ausgesucht haben, einen von nur zweien, die weit voneinander entfernt stehen, auf einer weiten wasserlosen Ebene. Nachdem ich mir einen frischen, sauberen blauen Kaftan angezogen habe, sitze ich nun hier und schreibe, genau beobachtet von wiederkäuenden Kamelen.

Zwischendurch weht ein wohltuendes Lüftchen, anders wäre die Hitze nicht zu ertragen. Ein paar Kamelherden ziehen in der Ferne in den Hitzewellen vorbei, die Tiere in einer Reihe, wie Fata Morganen, mit ihren schlanken Treibern, Silhouetten in einer biblischen Szene; sie müssen uns genauso sehen wie wir sie, aber keiner macht Anstalten, näher zu kommen. Sie sind bestimmt auf dem Weg zu dem Wasserloch in Arba Jahan, über zehn Meilen Richtung Osten; wir gehen nicht dorthin, weil wir gehört haben, daß es sicherlich ausgetrocknet ist und es dort von verzweifeltem Vieh und ausgehungerten Somali nur so wimmelt.

Sie werden nichts als Staub finden in Arba Jahan.

Um unsere wertvollen Kamele nicht zu gefährden, ist es ratsam, unseren verwegenen Plan für uns zu behalten. Wir wollen nicht unbedingt auf uns aufmerksam machen. Vor uns liegt *shiftah*-Gebiet.

Der Baum, unter dem ich schreibe, ein *Salvadorensis*, ist möglicherweise vorerst einer unserer letzten Bäume. Um diese Tageszeit, wenn er nicht allzu erschöpft ist, bestimmt Aidan normalerweise immer mit Hilfe seiner Instrumente und des Kompasses auf der Karte unsere Position.

Es ist ein alter Messingkompaß – ein Geschenk von mir –, den ich in einem Antiquitätenladen in Nairobi aufgestöbert habe und der sicherlich schon zahlreiche Expeditionen in wilden Gegenden erlebt hat. Ich frage mich, wo er wohl schon überall war und was der Mann, dem er gehörte, für Augen hatte. Was hat er so gedacht, wie hat seine Stimme geklungen, und war seine Frau hübsch?

In weiter Ferne ist ein gespenstisch schemenhafter Berg zu erkennen, vielleicht der Marsabit? Aidan zeigt mir eine klaffende Leere auf der Karte, markiert mit Lavasymbolen: die Wüste, durch die wir hindurchmüssen. Ich sehe, daß er sich Sorgen macht. Er bittet seine Leute, *kuni* zu sammeln und auf die Kamele zu laden, damit wir in der kommenden Zeit – den kommenden Tagen? – ein Feuer machen können, für unseren Tee und ihr *posho* am Abend.

Keine Bäume, kein Feuerholz.

Staub, Hitze, Dornen und eine scheinbar endlose alte Viehpiste erwarten uns, und schließlich die Wüste.

Reicht das Wasser bis zu den Brunnen von Koiya?

24. September 1991
Arba Jahan

Wir machten uns gestern nachmittag um halb fünf auf den Weg, ließen die letzten grasbewachsenen Ebenen von Arba Jahan hinter uns. Arba Jahan bedeutet »Drei Elefanten«, doch in der dürren Landschaft mit ihrer trockenen, rissigen Erde gibt es keine Elefanten mehr. Wir haben Tony Dyer versprochen, auf unserer Route zu vermerken, wenn wir auf irgendwelche Anzeichen von Elefanten stoßen, aber bislang haben wir keine entdeckt.

Ich mag die Gegend, ihre Weite, die Stille, das Gefühl, im Hochland zu gehen.

Ich bin froh, daß wir die Route geändert haben. Ich genieße es, den Kopf hoch zu halten und die Luft tief einzusaugen, zu schnuppern, die Brise zu spüren, wie es die Kamele tun.

Dunkler und staubiger, ausgetrockneter Sumpfboden, mit vertrocknetem Gras bedeckte Risse, voll mit weißen konischen Gehäusen von Erdschnecken, die offenbar bei Regen in Massen aus ihren Löchern gekrochen kommen. Tausende von sich windenden, glitschigen Schnecken. Eine widerwärtige Vorstellung. Ich habe mich schon immer vor Schnecken geekelt.

Wir gingen zwei Stunden lang über die Ebene, wo Aidan durch seinen Feldstecher in der Ferne ein Gepardenweibchen mit zwei Jungen entdeckte. Doch als ich durch das Fernglas schaute, waren sie verschwunden. Fata Morganen gehören zu dieser Landschaft, und jede Begegnung mit einem Lebewesen ist ein kurzer Eindruck, geheimnisvoll und flüchtig, entzieht sich jeder längeren Betrachtung.

Ich ging zu Fuß, statt zu reiten, wie ich es am Morgen getan hatte. Ich fühlte mich fit, phantastisch in Form.

Um sechs Uhr abends schoß Aidan eine Grant-Gazelle, ein junges Männchen, für die *watu*-Mahlzeit. Ein letzter Genuß vor der Wüste.

Es war alles unglaublich schnell gegangen. Wir erspähten in der Ferne eine kleine Gruppe Gazellen, die uns mit hoch aufgerichteten Hälsen beobachteten, so reglos wie Statuen. Ohne auch nur eine Sekunde innezuhalten, nickte Aidan mir zu und gab mir seinen Hut, den ich festhalten sollte, so daß wir im gleichen Tempo weitergehen konnten, um die Gazellen nicht zu beunruhigen. Es war eine kleine Herde von etwa acht Tieren, vielleicht eine halbe Meile entfernt. Aidan zog sein Gewehr heraus, ohne den Rhythmus seiner Schritte zu verändern, rasch und präzise, mit fließenden Bewegungen, wie man es als Jäger tun muß. Wir hörten nur einen Schuß, schnell wie ein Peitschenknall. Dann sah ich Osman wie einen Grashüpfer hochspringen und, flink wie ein junger Hase, über die Ebene zu dem getroffenen Tier sprinten, dem er, wie es die muslimische Sitte verlangt, die Kehle durchschnitt. Ohne das *halal*[1], wie diese Praxis heißt, dürfen sie das Tier nicht essen.

---

[1] Schlachtvorschrift des Korans

Gedi, einer der beiden jüngeren Kameltreiber, lief ihm mit unglaublicher Geschwindigkeit hinterher, sein *shuka* flatterte im Winde.

Der Horizont schien nah und fern zugleich, und jetzt hoben sie sich als Silhouetten dagegen ab, wie Schattenrisse in einem Gemälde. Ich ging zu ihnen über die weite Ebene.

Die Gazelle war sofort tot gewesen, Herzschuß. Osman hatte gerade noch Zeit gehabt, dem Tier mit Aidans Messer die Kehle durchzuschneiden. Sie schnitten dem Tier den Kopf ab, und in den staubigen Pupillen, trüb und offen im Licht der Dämmerung, konnte ich keinen Schmerz entdecken. Die Erinnerung an andere tote dunkle Augen in der Sonne.

Jubel, denn Fleisch ist für alle Afrikaner ein Festessen. Sie warfen die tote Gazelle über den Sattel eines der Packkamele, und wir gingen weiter.

Wir marschierten fünf Stunden lang über Lavafelder und schlugen schließlich um Viertel vor zehn mitten auf der Piste das Nachtlager auf, die einzige Stelle, wo keine Steine waren.

Es war Vollmond, heulende Schakale, wilde Hunde und Hyänen erfüllten die Nacht mit Gebeten, die sie gen Himmel schickten.

Ein Löwe brüllte um halb eins.

Ich wachte um Viertel vor fünf auf, aß eine Orange gegen den schalen Geschmack im Mund, und vor Sonnenaufgang ging es los.

Wir sahen die Sonne aufgehen.

Die Wüste lag vor uns, unerbittlich, endlos und bedrohlich, flimmernd in der Ferne. Der Himmel war lachsrosa. Wir blieben kurz stehen, um uns noch einmal zu vergegenwärtigen, was uns bevorstand. Aidan wandte sich mir zu, unsere Blicke trafen sich, und ich nickte. Mehr nicht. »*Oho, galla*«, trieb er die Kamele an. Sie schnauften, und weiter ging's.

Ich wanderte nur zweieinhalb Stunden, weil mir die Füße von dem Fünf-Stunden-Marsch am Abend zuvor und den fünf Stunden am Morgen unerträglich weh taten. Ich glaube auch nicht, daß ich noch länger hätte gehen können. Die Hitze war sengend. Der Boden war hart, Lavasteine brannten wie glühende Kohlen durch die Sohlen meiner Schuhe. Aidan klebte das Hemd am Rücken, dessen grüne Farbe schon verblichen war.

Ich stieg bereitwillig auf das Kamel. Die Männer schwiegen.

Mein Kamel war wieder Racub, ein friedlicher Bursche. Ich ritt dreieinhalb Stunden, schlief im Sattel ein, hatte wirre Träume. Aidan ging ohne eine Spur von Ermüdung. Diese Wüste schien sich endlos über den Horizont hinaus zu erstrecken. Die kochende Hitze, die sich mittags von den Steinen erhob, war unbeschreiblich. Hitzewellen wie Fata Morganen von Wasser zitterten am Horizont, Bäume tauchten in der Ferne auf, verhießen dunkle Schatten, die wir nie würden erreichen können. Es waren Trugbilder, erzeugt von der fiebrigen Hitze, bestehend aus dem Stoff, aus dem die Träume sind oder die Halluzinationen.

Die Ränder der Pisten waren von irgendeinem erloschenen Feuer verbrannt; Asche und verkohlte Baumstümpfe verstärkten noch den Eindruck des Infernos. Überraschenderweise hingen an den meisten Sträuchergerippen seltsame, längliche Nester, wie Christbaumschmuck.

Wo waren die Vögel, fragte ich mich, und was fraßen und tranken sie bloß? Nicht einmal Insekten können in dieser Hölle überleben.

Im Geiste schrieb ich »Die Zauberbucht«, eine Geschichte über das Meer, Wasser und längst vergangene Zeiten.

Von der Angst getrieben, nicht mehr aus dieser Hölle herauszukommen, kamen wir viel schneller voran, als wir befürchtet hatten: Die Zeit verliert jede Bedeutung, wenn man durch eine endlose, eintönige Wüste wie diese geht.

Schließlich machten wir auf einem gottverlassenen Lavafeld Rast, nachdem wir die weite Wüste des verbrannten Grases und der pfeifenden Dornen durchquert hatten. Die Sonne hing hoch an einem gelben Horizont, erbarmungslos.

Die Kamele standen still neben uns, mit gesenkten Köpfen, ohne zu fressen, auf der Suche nach ein bißchen Schatten und einem Hauch Feuchtigkeit. Wir fertigten einen illusorischen Sonnenschutz, indem wir meinen grünen Leinen-*tandarua* an einen niedrigen vertrockneten

Busch und an die Griffe unserer Verpflegungskisten banden. Wir schlüpften darunter, es war nicht mal einen halben Meter hoch, streckten uns auf den fleckigen Kamelmatten aus, und Aidan schlief sofort ein.

25. September 1991

Ich ging die ersten beiden Stunden zu Fuß, nachdem wir das trostlose Lavafeld um zwanzig nach fünf am Nachmittag hinter uns gelassen hatten.

Die Kamele fielen in einen schnellen Trab, und die Männer sangen und pfiffen gutgelaunt, während sie genauso schnell nebenherliefen und sie ab und an mit ihren Stöcken antrieben. Obwohl ich mich sehr gut fühlte, kam ich einfach nicht mit und mußte schließlich reiten. Es war ein schmerzhafter Ritt, da ich wund war. Außerdem war es entsetzlich heiß.

Aber eine schöne Landschaft, weit, mit gelbem Gras. Gibt es die übrige Welt noch?

Rast abends um halb elf in recht angenehmem freiem Gelände, mit hohem trockenem Gras.

Die Kamele leiden allmählich unter dem Durst und der großen Hitze. Es sind großartige Tiere, und ich bin voller Bewunderung und Hochachtung. Osman servierte uns ein klassisches Gericht: Leber und Nieren von der Gazelle mit Zwiebeln. Das Essen war allerdings ungenießbar, versalzen, schmeckte nach Ammoniak und zu stark nach

Wild. Außerdem hatte es einen starken Nachgeschmack wie Urin.

Die Männer sangen und lachten bis spät in die Nacht am Lagerfeuer.

Heute morgen, am 25. September 1991, sind wir um zehn nach fünf aufgebrochen, nachdem wir um vier Uhr wach geworden waren. Wir machen Rast in der Mittagshitze unter einer mageren Akazie vor einer ruhigen Hügelkette. Die Kamele weiden in der Nähe, kauen in Ruhe an den kärglichen Sträuchern.

Aidan sah vorhin hochkonzentriert aus, als er auf die Karte schaute und den Horizont nach Orientierungspunkten absuchte. Eine unbekannte Hügelkette in der Ferne war alles, was wir sahen. Wo ist Wasser? Werden wir es bis dorthin schaffen? Werden die Kamele überleben?

Anscheinend haben wir die falsche Piste genommen und müssen nun querfeldein gehen, ein Gedanke, der mir gefällt, da wir dann nicht mehr stumpfsinnig einer markierten Linie folgen müssen, die ohnehin praktisch unsichtbar ist. Aber was, wenn wir uns verirren?

Aidan sichtete schließlich den Lavakamm, unseren Orientierungspunkt, um nach Koiya und damit zum Wasser zu gelangen.

Wir müßten in zwei Tagen da sein, aber ich wage es nicht zu hoffen.

26. September 1991

Heute ging es durch schöneres Gebiet, Sümpfe, die sich zu bestimmten Jahreszeiten bilden, für die Kamele nicht einfach, da das trockene, glänzendgraue Sumpfgras rutschig war und so manch gefährliches Loch verbarg.

Weil wir von unserem Weg abgekommen sind, hat Aidan Sorge, kostbare Zeit zu verlieren. Hinzu kam heute das schwierige Gebiet, das vor uns lag. Dornengestrüpp und stachelige Sträucher gingen den Kamelen bis zu den Schultern und waren praktisch undurchdringlich. Die Gefahr dabei war, daß sie vielleicht tiefe Löcher im Boden verbargen und die Kamele sich ein Bein brechen konnten. Fiese kleine Dornen zerkratzten unsere Haut durch die Kleidung hindurch.

Aber wir mußten weiter, um nicht noch mehr Zeit zu verlieren. Wir brauchen unbedingt Wasser. Was, wenn wir die Brunnen nicht finden? Aidans Mund war eine einzige bittere Linie.

Ich dagegen war sehr viel besserer Laune, da die Landschaft einfach herrlich war und typisch afrikanisch und das Tempo erheblich langsamer, so daß ich ohne Mühe gehen konnte. Insgeheim freute ich mich über unseren unfreiwilligen Fehler.

Plötzlich, auf einer geraden Strecke, zwischen hohen Akazien und dichtem silbrigen Sumpfgras, stand auf einer Schneise im Nachmittagslicht ein prachtvolles Tier, furchtlos und anmutig wie alle seltenen, besonderen Lebewesen, ein männlicher Gerenuk, auch Giraffengazelle genannt. Eine Märchenelfe der Savanne, die uns nur Glück bringen kann. Wir beobachteten einander eine Weile, dann verschwand er ohne Eile, mit eleganten, gemächlichen Sprüngen.

Ein unvergeßlicher Anblick.

Schließlich ging es querfeldein. Zum Glück hatte die Landschaft sich verändert, das Gelände war jetzt frei, und es gab kein Gestrüpp mehr, das die Kamele behinderte: danke, Emanuele! Ich flehe ihn stets an, wenn ich in Schwierigkeiten bin. Aidan war so besorgt, daß ich ihn aufheitern mußte. Ich wußte einfach, daß alles gutgehen würde. Die Kamele blieben geduldig, weise und trugen anmutig ihre Last in langen Schritten. Mein Optimismus wurde belohnt, eine gute Lektion.

Meine stillen Gebete wurden schließlich erhört: Wir kamen auf rotsandiges Gebiet, das mit Akazien und *comiphera* bestanden war, und Aidan war glücklich. Es war einfach wunderbar, durch diese Landschaft zu gehen. Der Boden war elastisch und fest zugleich und ermöglichte uns einen federnden Schritt. Meine Stimmung war so gut wie seit Tagen nicht mehr. Wir machten auf einer weiten *mbogani* Rast und zündeten zum erstenmal wieder ein eigenes Lagerfeuer an, während die Männer aus Dornenbüschen ein *boma* errichteten. Dunkelheit senkte sich auf mein Glück, daß wir die monotone, gerade Route verlassen hatten. Der Mond ging auf, weiß und schweigend.

Dann verkündete Aidan grimmig, daß dreißig Kamele verschwunden waren und die Treiber sich auf die Suche gemacht hatten. Die Tiere waren einfach im Mondschein weitergegangen, als wir haltgemacht hatten, auf die fernen Berge zu, wo sie sich Wasser erhofften. Wie Gespenster im silbrigen Licht, wie von einem unsichtbaren Wind getriebene Segel, waren sie weitergegangen, gelenkt von ihrem unerklärlichen Instinkt. Wir konnten nicht viel tun außer hoffen, daß unsere erfahrenen Leute sie einholen, sie in der Nacht in dem unbekannten Land aufspüren würden.

Ich versuchte Aidan aufzuheitern. Falls unsere Leute die Spuren im Mondlicht fanden, würden sie ihnen folgen, und wir würden hier einen Tag lang auf sie warten. Keine schlechte Vorstellung, in dieser schönen Landschaft zu entspannen. Aidan war pessimistisch. Ich gab ihm zu bedenken, daß wir doch noch weit von den Wasserlöchern entfernt waren und daher keine anderen Kamele verwirrende Fährten hinterlassen haben konnten, daß unsere erfahrenen Treiber den silbrigen Spuren im Mondschein besser folgen könnten. Wenn allerdings die Kamele auf der Suche nach Wasser in raschen Trab fielen, würde es schwer werden, sie einzuholen. Es bestand die Gefahr, daß sie von *shiftah* entdeckt und gestohlen wurden. Es wäre nicht das erste Mal, daß so etwas passierte. Und falls der Löwe, dessen Spuren wir entdeckt hatten, sich an sie heranpirschte, würden sie in Panik davongaloppieren, und wir würden sie nie wiedersehen.

Wir legten uns früh schlafen, nachdem wir unser Wasser, das Salz, das Müsli und die Nudeln schon fast aufgegeben hatten.

Doch wir hatten unsere Leute unterschätzt; um Viertel vor elf hörten wir Rufe, Pfiffe und Schreie. Die Nacht erfüllte sich mit Leben. Und wir wußten, daß sie die Kamele gefunden hatten.

Am 26. September brachen wir bei Sonnenaufgang auf, glücklich, unbekümmert und bestens gelaunt zogen wir über schöne blaßgelbe Grasebenen, rostfarbenen Sandboden. Fest und leicht begehbar. Erreichten die Lavafelsen.

Rast in einem sandigen *lugga*, inmitten einer Gruppe *Salvadoria*-Bäume, ein herrliches Refugium, und ich war glücklich. Ahmed schenkte mir eine besondere, originelle »Zahnbürste«, die er aus der faserigen Wurzel des Baumes geschnitten hatte, zum Kauen.

Ich bin glücklich. Das pure Leben.

Aidan hat auf dieser Safari den Wert von Wasser schätzengelernt, und obwohl er noch längst nicht völlig gesund ist, geht es ihm eindeutig schon viel besser. Aber er hat Blasen am Rücken, an den Beinen und an seinem armen *sedere*. Böse eitrige Entzündungen, Kratzer, die septisch wurden und ihm nun beim Gehen durch das Scheuern der Hose und durch die Hitze Schmerzen verursachen. Ich wusch die wunden Stellen mit einer halben Tasse warmem Wasser aus und trug etwas antibiotische Salbe auf. Ich überzeugte ihn, statt einer Hose von nun an einen lockeren *kikoi* zu tragen, wie die Somali. Er sieht wunderbar darin aus, hochgewachsen, wie er ist. Ich bin in Bestform.

Matokolo, 27. September 1991
Noch zwölf Meilen bis Koiya.

Gestern abend, als wir vor Einbruch der Dunkelheit Rast machten auf einer Ebene, schoß Aidan ein Frankolinhuhn, das wir auf einen groben Ast steckten, mit Salz einrieben und über dem offenen Feuer grillten. Wir aßen es mit Heißhunger. Ein Festschmaus.

Zur Schlafenszeit, als ich meinen Kopf auf die Matratze sinken ließ, spürte ich neben meinem Gesicht eine schnelle Bewegung, ein sanftes Flattern. Nach vielen Jahren Afrika weiß ich, daß eine schnelle Reaktion Leben retten kann. Ohne nachzudenken setzte ich mich sofort auf: ein riesiger, gelbweißer Skorpion, der tödliche *Sole Fugens*, rannte, von meiner Geste irritiert, mit ausgestrecktem Giftstachel direkt ins Feuer, wo er in wenigen Sekunden verbrutzelte.

Heute morgen kamen wir durch eine wunderschöne Landschaft. Kein Vieh weit und breit, auch keine Menschen, denn hier gibt es kein Wasser. Aber zahlreiches Großwild: Grant-Gazellen, Oryx, Giraffen. Eine Landschaft mit hohen bizarren Akazien, weiten goldenen Sandflächen, rötlichen Dünen, ein himmlischer Ort.

Marschierten sieben Meilen zwischen zwei Lavakämmen hindurch, von atemberaubender kahler Schönheit. Hier muß es gelegentlich regnen, da es alte Spuren von Vieh gibt und jede Menge Löwenfährten.

Aidan versuchte, ein paar Perl- und Frankolinhühner zu schießen, aber sie waren viel zu schlau und flogen davon.

Wir machten Fotos von den Kamelen, wie sie zwischen den Akazien hindurchzogen. Dann stellte Aidan fest, daß er die ganze Zeit über keinen Film in seiner Kamera gehabt hatte! So ein Pech. Ich müßte ein paar schöne Aufnahmen gemacht haben, hoffe ich.

Rast in einem sandigen *lugga* mit hohen Akazien, nicht weit von Koiya. Das beunruhigende Gefühl, daß Menschen in der Nähe sind. Obwohl nichts zu sehen ist, meinen wir, Viehglocken zu hören.

Die Kamele kommen, lassen sich im Kreis um uns herum nieder und beobachten, was wir machen. Sie stubsen meinen Kopf an. Sie bewachen mich friedlich, während ich schreibe. Ich frage mich, ob sie wissen, wie nahe das Wasser ist; aber ist es das auch wirklich?

Koiya, 28. September 1991

KOIYA!!!!!!!!!!!

Endlich Wasser! Und zwei Tage früher als geplant.

Reines, frisches Süßwasser im Überfluß.

Gestern abend kamen wir durch ein wunderschönes, prächtiges *lugga*, Matakole – das Gehen war mühsam, und wir verbesserten unsere Fertigkeit, die harten Sandabschnitte zu finden, die normalerweise an der dunkleren grauen Kruste zu erkennen sind, wo man nicht einsinkt.

Wir begegneten vier Jungen vom Stamm der Rendille

mit leuchtendem Perlenschmuck und roten *shukas* – die ersten Menschen seit einer Woche, nach dem Ajuran-Hirten. Dann ihre dürren weißen Rinder, in Staubwolken.

Löwenspuren – diese allgegenwärtigen, aber unsichtbaren Löwen! –, Gerenuk, unglaublich schöne Uferabschnitte am Fluß, Bäume und Palmen, gewaltige Akazien und grüne Büsche. Ich wünschte, wir hätten unter ihnen Rast machen können, aber wir mußten weiter.

Die Nacht verbrachten wir auf einer kleinen Anhöhe mit weißen Kieselsteinen und grauem Boden; Aidan schoß zwei Frankolinhühner in dem *lugga* – und dann noch zwei für die Männer, die sofort hinliefen, um dem Tier die Kehle durchzuschneiden –, und wir rösteten sie auf einem einfachen Spieß über offenem Feuer, ein königliches Mahl, dazu gab es eine halbe Orange und heißen Kakao.

Ich schlief gut. Als ich um elf Uhr abends einmal aufwachte, steckte eine fette Zecke in meiner Schulter, die sich an meinem Blut gütlich getan hatte, kleines Mistviech – erstaunlicherweise die erste Zecke, die mich gebissen hat, in dieser Gegend, wo es von Zecken nur so wimmelt und ich stets auf der Kamelmatte auf dem nackten Boden schlafe.

Schlief danach tief und fest bis halb fünf am Morgen.

Aufbruch um Viertel vor sechs am 28. September.

Das Bimmeln der Kamelglocken verschwand wie Vögel in der Mittagssonne, wir hintennach. Wir folgten zahllosen

Viehspuren, die alle an diesem bekannten Ort zusammenlaufen, das einzige Wasser im Umkreis von vielen Meilen, aber wir sahen kein einziges Stück Vieh.

Um sieben Uhr kamen wir an einem Rendille-*boma* vorbei, winzig, mit Ziegen, die zum Teil noch auf dem Boden lagen und ruhten. Ein schläfriger, vorwitziger junger Rendille, in einen roten *shuka* gehüllt, melkte sie mit trägen Bewegungen, und die Sonne stand bereits hoch, sehr zu Aidans Unwillen. Er begrüßte uns fröhlich, zeigte aber nicht die geringste Neugier zu erfahren, woher wir so mir nichts, dir nichts in dieser gottverlassenen Gegend auftauchten, zwei Europäer und acht Afrikaner mit Waffen und unseren achtundsiebzig Kamelen.

Koiya tauchte um Viertel nach acht am Horizont auf.

Wir standen eine Weile schweigend da, überwältigt, das Ziel unserer strapaziösen Reise vor uns zu sehen.

Ein entlegener Außenposten der Regierung. Eine Gruppe *mabati*-Hütten, verstreut auf einer Anhöhe, ein paar Ziegen, ein kleiner *duka*, ein paar Rundhütten, aus deren dunklen Eingängen wir schweigend beobachtet wurden. Einige Dumpalmen in einem *lugga* und ein Hain mit hohen Akazien kündigten die Brunnen an, wie die Oase in der Sahara, die ich einmal mit meinem Vater besucht hatte. Das ist es. Wir haben es doch noch nach Koiya geschafft.

Aus einer Gruppe von Behausungen, wie gelbe Kokons riesiger Insekten, trat eine schmale Gestalt mit einem Zeremonienstab, um uns zu begrüßen. Er war ein freundlicher alter Bursche namens Hassan, der Ortsvorsteher, der – man glaubt es kaum! – unsere Freunde Jasper Evans und Maurizo Diolo kennt und für Jasper Kamele kauft.

Nach muslimischem Brauch begrüßte er uns hochachtungsvoll als müde Reisende und erwies uns die Höflichkeit, die unser Status verlangte. Im Nu – und mit einigem Wirbel – stellte er uns seinen Brunnen zur Verfügung und führte uns zu einer abgeschiedenen Stelle unter Bäumen, wo wir rasten konnten.

Der Brunnen war in den Sand gegraben, mit einer festen Umrandung, wie aus Lehm, und das Wasser war durchsichtig und gelb wie Topas, unglaublich einladend, für mich jedoch unerreichbar.

Die Kamele tranken diszipliniert jeweils zu viert nacheinander, warteten geduldig im Schatten der Akazien, bis sie an die Reihe kamen, während wir zuschauten und die beiden Ahmeds das schwermütige Wasserlied sangen, eine uralte Festmelodie, beschwörend und harmonisch, die immer dann gesungen wird, wenn Kamele Wasser erreichen, für die Kamele bedeutet das Trinken. Wenn Kamele lachen könnten, würde die Luft jetzt von ihrem Jubel erklingen.

Ich bewunderte die Beherrschung und die Würde dieser Tiere, die, so durstig sie auch waren, ihren Gefährten den Vortritt ließen, bevor sie selbst ihren Durst stillten. Sie beugten ihre eleganten weißen Hälse und tranken, rhythmisch, ohne Eile aus den Trögen, die aus hohlen Baumstämmen gehauen waren. Ihre eingefallenen Bäuche blähten sich nach und nach vor unseren Augen auf, die knochigen Rippen verschwanden, und diese ausgemergelten, müden Tiere verwandelten sich erneut in schöne, kräftige junge Kamele, bereit für den nächsten endlosen Marsch. Sie fangen sofort an zu fressen, indem sie mit ihren weichen Lippen kleine Blätter von den Ästen pflükken.

Mit Hilfe von Hassan, der das Feilschen übernahm, kaufte Aidan unseren Leuten eine Ziege, und wir werden heute abend ein Festessen veranstalten. Osman erhitzt schon das Öl in der Pfanne: Wieder werden Leber, Nieren, Zwiebeln und Reis unser spartanisch-glorreiches Mahl sein.

Später stieg Aidan bis zur Hüfte in das Wasser des Brunnens und half, die Tröge zu füllen, und ich beneidete die Freiheit der Männer in der muslimischen Welt, die es Frauen nicht erlaubt, in den Brunnen zu baden, aus Angst, sie könnten sie beschmutzen.

Doch gleich, mein erstes Bad nach acht Tagen, jede Menge Wasser – und ich werde mir den Staub aus den Haaren waschen – hinter einem bezaubernden Sichtschutz, den Aidan gerade für mich baut, ein perfekter Schlupfwinkel, geschützt vor den Blicken anderer. Hin und wieder lächelt Aidan mich mit festen, sanften Lippen an. Sein Bart ist gewachsen und verleiht ihm das patriarchalische Aussehen eines biblischen Propheten.

Ich liebe ihn.

Torngong, 29. September 1991
Koiya – Torngong

Wir verbrachten einen ganzen glücklichen Tag und eine Nacht in Koiya.

Unsere kleine Höhle bauten wir in der Nähe einer Baumgruppe, mit einem Moskitonetz. Es war das erste bequeme Bett, seit wir aufgebrochen waren. Die Männer saßen ums Lagerfeuer und sangen tief und heiser über die Liebe – oder über den Krieg?

Vorher hatte ich auf einer verlassenen *manyatta* komische Vorrichtungen an hohen Gerüsten aus abgeschnittenen Ästen bemerkt, und Aidan erklärte mir, das seien hängende Betten, zum Schutz gegen Moskitos, die nicht so hoch fliegen.

Daher rechnete ich damit, daß es eine unruhige Nacht werden würde, doch letzten Endes hörten wir keinen einzigen Moskito. Auch für sie war es in dieser Jahreszeit zu trocken.

Kurz nachdem wir uns niedergelassen und unsere Campingausrüstung aufgebaut hatten, kam der Rendille mit seinen erstaunlich mageren Ziegen, aber sie gingen bald wieder, diskret, ohne sich an uns zu stören, und wir hatten Koiya für uns.

Ich beobachtete diese Ziegen und die unglaublich rachitisch aussehenden Schafe, die an unsichtbaren Brocken Nahrung knabberten, ohne auch nur einmal ihre geduldigen, gebeugten Köpfe aus dem Staub zu nehmen; es sah aus, als fräßen sie bloß Staub, aber Aidan sagte, sie würden die abgefallenen Akazienblüten fressen, die ganz klein und unauffällig sind, fast wie Pulver. Außergewöhnliche Überlebensfertigkeiten.

Ein Mädchen kam zu uns, und ich schenkte ihr ein Bonbon. Sie nahm es schüchtern entgegen, lief davon, und bald darauf waren drei weitere Mädchen da und warteten schweigend. Ich gab ihnen eine Handvoll Pfefferminzbonbons, und sie trollten sich, kichernd wie klingelnde Glöckchen.

Ich schlief, schrieb, ließ mir Zeit. Wusch mir die Haare und den ganzen Körper, genüßlich, träge und glücklich, mit verschwenderisch viel Wasser. Zog mir einen sauberen, frischen Kaftan an; ging zu den Brunnen, um den Kamelen beim Trinken zuzusehen, und fühlte mich langsam wieder wie ein Mensch.

Aufbruch um Viertel vor sechs morgens. War um halb fünf aufgewacht, nach einer unruhigen Nacht, weil die Kamele, die in zu großer Nähe waren, ständig umherstapften und die Männer vergessen hatten, Heu in die hölzernen Kamelglocken zu füllen, damit sie nicht läuteten.

Wir gingen in gleichmäßigem Tempo viereinhalb Stunden zu dem schönen Berg Sepi, Quarzbrocken mit Bäumen in der glühenden Hitze.

Ich schüttete Wasser – wovon wir jetzt im Überfluß hatten, da die Kanister voll waren – über mich, über mein Hemd und meine Hose, und ich fühlte mich wie neugeboren. Nach wenigen Minuten war ich wieder trocken.

Bald waren wir unterwegs nach ... Kairu?

Jetzt, am Vorabend des 30. September, sind wir auf einem Plateau mit Blick auf die Hügel, die mich an eine verlassene Theaterbühne erinnern.

Unweit eines alten *manyatta* schreibe ich im letzten Licht vor der Dunkelheit, während die Männer ein *boma* für die Kamele errichten. Löwen sind in der Nähe, und es könnte eine Stampede geben.

30. September 1991
Torngong – Lontopi

In der Nacht brüllten unablässig die Löwen, sie waren uns sehr nah, zum Angriff bereit; die Nacht hallte von ihrem Jagdlied wider. Die Kamele blieben wach, nervös in der Dunkelheit, bereit, aufzustehen und in alle Richtungen auseinanderzulaufen. Wir mußten ein stärkeres *boma* bauen und Feuer rundherum entzünden. Die Männer schliefen dann abwechselnd. Wir waren in Torngong. Ich lag wach, konnte nicht schlafen. Ich betrachtete die Sterne über mir und spürte die Gefahr. Am Morgen fanden wir ihre Fußspuren im Sand rund um das *boma*.

Wir brachen um zehn vor sechs auf und gingen nur dreieinviertel Stunden. Auf dieser Strecke entdeckten wir die ersten eindeutigen Fußabdrücke von *shiftah*: drei Personen, die allein gingen, ohne Vieh, mit einer Art Gummisandalen aus alten Reifen, wie diese Banditen sie bekanntlich bevorzugen. Unsere Leute wurden wachsam. Aidan lud sein Gewehr. Während wir weitergingen, blickten wir nervös auf die stillen, rätselhaften Hügel vor Lontopi.

Trotz unser Besorgnis baute Aidan für mich einen Sichtschutz, und ich wusch mich erneut mit großer Wonne von Kopf bis Fuß, am Rande eines rötlichen *lugga*, während er Wache hielt. Meine Haare trockneten binnen Minuten.

Lontopi, 1. Oktober 1991

Wir sind an dem idyllischen Ort namens Lontopi, im Samburu-Land; mit Tümpeln zwischen Felsen; mit Quellen, Palmen und schattigen Bäumen entlang den Hügeln; wo man sich in der Sonne waschen und den Emotionen freien Lauf lassen kann.

Unterwegs nach Kairu, noch so gerade im Zeitplan: in den letzten zwei Tagen nicht viele Meilen geschafft – vielleicht zwanzig –, da das Terrain uneben und steinig war und es von Löwenspuren nur so wimmelte.

Wir werden uns ranhalten müssen, stramm gehen, um im Zeitplan zu bleiben. Aber diese genüßliche, verschwenderische Ruhepause von neun Uhr an hat gutgetan, und die Erinnerung daran wird bleiben.

Die Kamele, so fällt mir auf, fressen am liebsten das erstaunlich graue und scheinbar trockene Unkraut *Indigophera Spinosa*, das sehr nahrhaft sein muß, auch wenn es wie Spinnweben aussieht. Ich beobachte, wie sie diese köstlichen Gräser mit ihren Greiflippen aussuchen und immer und immer wieder stundenlang geduldig darauf herumkauen, um auch noch das letzte an Nahrung herauszuholen.

Den ganzen Morgen kauen sie zufrieden weiter, sie trinken an den Quellen in Lontopi, während ich, wie ein Pavian auf einem Felsen hockend, zuschaue.

Ein schöner Hügel, mit großen Felsbrocken und einigen Dumpalmen in dem weiten *lugga* mit rosa Sand.

Auf diesen Hügeln verstecken sich *shiftah* und beobachten das Land rundherum auf der Suche nach Beute. Es ist durchaus möglich, daß wir ihre nächste Beute sind. Ein schauriges Gefühl, möglicherweise beobachtet zu werden von grausamen, unsichtbaren Augen, die sich unter Turbanen verengen. Wie Cowboys in einem Western, die von gleichmütigen Apachen auf Ponys von den Gipfeln der Hügel aus dem Hinterhalt angegriffen werden.

Alle sind auf der Hut, und die Männer halten ihre Waffen in Bereitschaft.

Ich versuche nicht an ihre AK47er und an die langen Krummesser zu denken, die sie benutzen, um ihren Gefangenen die Kehle durchzuschneiden. Osman, seine Augen zu Schlitzen verengt, kam vorhin und sprach mit Aidan mit gedämpfter Stimme. Sie blickten zu mir herüber, und mir wurde klar, daß ich das Thema ihrer Unterhaltung war.

Der heutige Abend ist erfüllt mit dem Gezirpe von Grillen, und seltsame, unbekannte Insekten singen ihre verschiedenen Lieder auf das Leben.

Ich schreibe im Licht meiner Tagebuchabdeckung, in die eine Glühbirne mit Batterie eingelassen ist und die ich an einem Maimorgen in Washington, D. C., in einem Campinggeschäft gekauft habe. Damals trug ich ein Armani-Kostüm und hatte einen Termin bei einem Senator; eine Ewigkeit entfernt von dieser Wirklichkeit. Osman setzt sich näher zu uns, an meine Seite. Auf der anderen Seite sitzt Aidan, das geladene Gewehr in Reichweite.

Die Nacht vibrierte von Spannungen.

Ich bin früh aufgewacht, steif und taubedeckt. Als erstes sah ich in der Dämmerung Osmans Augen auf mir ruhen, und ich wußte, er hat nicht geschlafen.

Ich setzte mich hierher, um mein Tagebuch weiterzuschreiben, während er das Feuer für den Tee entzündet.

Solange ich lebe, werde ich mich an die Bilder dieser ungewöhnlichen und einmaligen Safari erinnern, die fast schon vorüber ist, wie im Flug vergangen. Orte, die nie ein Mensch besucht hat und die nur zu Fuß zu erreichen sind. Fern der Straßen, meilenweit jenseits von Hügeln und *luggas* und wasserlosen Ebenen; Lavahügel und Quarzsand, Steine, grün und korallenrot funkelnd. Geduldige Kamele, zäh, zuverlässig, weise, mit ihrem zeitlosen Überlebensinstinkt in dem rauhen, erbarmungslosen Land unberührter, wilder Schönheit, wo sie hingehören.

Ich werde mich an Oryxgazellen erinnern, die über die Hügel davontraben, mit zuckenden schwarzen Schwänzen; an den Gerenuk, den wir im Sumpf überraschten, auf dem schmalen Pfad im grausilbrigen Rohrgras. An den Wassergesang in Koiya, beschwörend und melodiös, und an den springenden, flinken Gang der wilden, rotgekleideten Rendille, die feinen Gesichter, wie kleine muskulöse Elfen der Sand-*luggas*; die ausgehungerten Ziegen und Schafe, die zwischen ihrem eigenen Kot nach unsichtbaren Bröckchen Nahrung suchen; den sanften Rhythmus der Kamelglocken; das methodische, geruhsame Wiederkäuen der Kamele; ihre Augen, mit langen, klugen Wimpern, ihre Art, sich in den Staub zu knien, plötzlich, fügsam. Die komische Form ihrer kräftigen Schwänze, wie riesige Silberfische; ihre Art, Wasser zu lassen, nach hinten, indem sie ihren braunen, klebrigen Urin mit seinem durchdringenden Geruch von unbekannten Kräutern über ihre Hinterbeine laufen lassen, damit er dort verdampft und sie kühlt; der ölige Saft der würzigen *gineau*, einer Balsampflanze, die nach einer Mischung aus Mango und Terpentin schmeckt; die Farbe der aufgehenden Sonne an einem tiefblutroten Himmel, während sich die Silhouetten der Kamele scharf gegen den Horizont abheben; das Morgenlicht auf dem blaßgelben Gras, mit Silber durchsetzt; den Staub und die Äderchen im Auge der toten Grant-Gazelle; den kleinen natürlichen Sonnenschutz auf der Ebene von Arba Jahan, unter einem *Salvadorensis*-Baum, umringt von den Kamelen, die von seinen Blättern fressen. Die Suche nach Koiya und das Hochgefühl, schneller als erwartet dort zu sein, an den Stolz, es geschafft zu haben. An die Farbe des ersten Wassers im Brunnen von Koiya, gelb und durchscheinend, so köstlich zu trinken und so frisch auf meiner Haut.

An die Rendille-Mädchen, mit den kleinen Köpfen, behangen mit Perlenschmuck, rostrote Jäckchen über braunen, mit ledernen Perlschnüren verzierten Röcken.

Unsere Lagerfeuer in der Stille der Nacht.

Das Glück am Teich von Lontopi.

Den langen Ritt durch die endlose Wüste in der Morgenhitze.

Daran, wie ich Schritt für Schritt Aidans Spuren folgte, an das Muster seiner Schuhsohlen, runde Kerben in braunem Gummi.

Das Gebrüll des Löwen im Mondschein, seine Tatzenabdrücke im Staub. Seinen wilden Geruch, der von einer Brise herübergeweht wird.

Die allgegenwärtige Angst vor den unsichtbaren *shiftah*. Der Geschmack von Adrenalin, wenn wir ihre Spuren finden.

Die Augen Osmans, mit der Farbe des Mutes.

Heute abend schreibe ich, auf dem Schaffell auf der Kamelmatte liegend; das Feuer glimmt. Zwischendurch erklingen leise die Kamelglocken; der Gesang von Nachtinsekten. Das Geräusch meines Atems.

Eine Brise, wie Wellen durch die Palmen. Ein Hauch von Wunder.

Aidan, der neben mir schläft.

2. Oktober 1991
Lontopi – Il Baa Okut

In Il Baa Okut, unsere zweitletzte Nacht im Busch.

Wir gingen durch Samburu-Land, durchquerten das

Kairu-*lugga*: eine riesige Fläche weißer Sand, Dumpalmen in großen Gruppen und ein fast ausgetrockneter Brunnen, umringt von Dorngestrüpp.

Wir begegneten den ersten beiden Menschen, zwei Samburu-Frauen, die mit einem Esel unterwegs zum Wasser waren. Eine biblische Szene. Dann ein kleiner Junge in einem roten *shuka*, der verblüffend fette Kälber hütete.

Sengende Hitze und stark schmerzende Füße. Eine erstaunliche Aussicht auf die Ndoto-Berge und Lolokwe in der Ferne, unser morgiges Ziel und das Ende unserer Reise, wo Karanja auf uns wartet.

3. Oktober 1991
Il Baa Okut – Lolokwe

Wir gingen an dem rosa Sand-*lugga* von Il Baa Okut vorbei, an den Hängen imposante alte Bäume mit Luftwurzeln, zwischen hohen Hügeln aus rotem Granitfelsen, die sich aus einem Meer grüner Büsche erhoben. Osman ging voraus und führte Racub, mit jugendhaft frischem Schritt. Er drehte sich um und lächelte mich warmherzig an – ich war gerührt. Ich kann gut nachvollziehen, warum Aidan, der schon einmal hier war, diese Gegend so liebt.

Plötzlich überraschte uns ein kleinerer Kudu, der uns reglos von der Mitte des *lugga* aus beobachtete; ein grauer Affe flitzte behende vorbei und einen Baum hoch.

Vor uns viele Spuren von Vieh, aber wir holen es offenbar nicht ein.

Meine Abneigung gegen Rinder ist im Lauf dieser Safari noch größer geworden. Sie sind für dieses Land einfach ungeeignet und fügen ihm nur Schaden zu. Sie verwandeln es in eine leblose, trostlose Landschaft aus Staub, getrocknetem Dung, Fliegen, Zecken, Hufabdrücken und zerfetzten Sträuchern. Die Kamele dagegen, die majestätisch, erhaben und hochmütig dahinsegeln, hinterlassen nur weiche Abdrücke, die keinen Staub aufwirbeln; es sind gelehrige Tiere, die ihren Namen und die Stimmen von Menschen erkennen, edle Tiere. Seit diesem Treck bin ich von Kamelen hellauf begeistert.

Jetzt warten wir unter einem Baum – dem vereinbarten Treffpunkt, wo mein Fahrer Karanja bereits sein müßte, mit Wasser, Milch, *posho*, Gemüse ... aber er ist nicht da. Wir schickten zwei Männer, die beiden Ibrahims, zu Fuß los, um ihn herzubringen.

Aidan baute für mich wieder ein Badezimmer, das letzte, das bezauberndste überhaupt, mit einem grünen Sichtschutz und Steinen für die Dusche, und ich wusch mir die Haare und duschte, und ich fühle mich jetzt wieder zivilisiert und sauber. Der rote Kaftan, den ich jetzt trage, ist Ausdruck meines Glücks.

Die Kamele grasen still in der Nähe, unter den wachen Augen unserer unermüdlichen Treiber Gedi und Mamhood. Osman bringt mir eine Tasse starken Ingwertee.

Wir warten auf den Wagen aus Laikipia.

Heute, um Viertel vor elf morgens, haben wir in dreizehn Tagen insgesamt zweihundertachtzig Meilen zurückgelegt. Pro Tag im Durchschnitt zwanzig Meilen, doch in den ersten sechs Tagen der Safari schafften wir durchschnittlich siebenundzwanzig Meilen am Tag; wir wurden langsamer, als wir aufhörten, nachts weiterzuziehen, und von der Route abkamen. Es ist kaum zu glauben, aber ich habe es tatsächlich geschafft.

Motorengeräusch. Karanja kommt mit dem Wagen. Die Safari ist zu Ende.

Später schicken wir Karanja zusammen mit Ibrahim und Aidans Samburu-Führer los, um eine Ziege in dem nahe gelegenen *manyatta* von Samburu-Moran zu kaufen.
    Heute abend wollen wir noch einmal feiern. Dann geht's nach Laikipia. Die Kamele werden zusammen mit Aidans Leuten auf seine Ranch gebracht: Der restliche Weg ist für uns nicht so reizvoll, da wir ihn schon kennen, deshalb werden wir mit dem Wagen vorausfahren. Karanja erzählte uns, daß es Probleme mit der Regierung gegeben hat und daß es am Samstag zu weiteren Unruhen kommen könnte. Es erscheint alles so weit weg und unwichtig.

4. Oktober 1991

Wir ließen uns gestern abend die Ziege schmecken, mit Reis, frischem Kohl und frischer Milch, mit der ich als Überraschung für Aidan auch eine Schokoladenmousse zubereitete. Das in meine Satteltasche geschmuggelte

Päckchen hatte ich mir für diese letzte Mahlzeit aufbewahrt.

Es ist schon erstaunlich, daß ein paar Stunden Ruhe genügen, um sich wieder als Mensch zu fühlen und das Geschenk der Wildnis wieder schätzen zu können. Plötzlich kann man die Dinge wieder betrachten und sich daran freuen. Unsere Leute sind wunderbar gewesen. Ihr spontanes Lächeln, ihr heißer Tee, ihre morgendlichen Lieder.

Osman, eine geborene Führerpersönlichkeit, kenntnisreich und weise, loyal bis zum Ende. Gedi und Mahmood, die beiden Ahmeds, Ibrahim und Lwokignei, meine guten Begleiter aus Laikipia, ihnen allen möchte ich neue Uhren als Andenken an die Reise schenken. Ich vermute, daß keiner von ihnen je eine besessen hat.

Jetzt ist es vorbei. Ja, ich finde es schade, daß es schon zu Ende ist.

Ich wünschte nur, wir hätten mehr Zeit gehabt, zumindest hinter Koiya, um uns die Gegend anzusehen und innezuhalten, um die zauberhafte Natur genauer wahrzunehmen. Aber die Kamele bleiben nicht stehen. Man muß mit ihnen Schritt halten, sonst liegt man rasch meilenweit zurück. Und Kamele sind nun mal die einzigen Transportmittel durch die straßenlose Wüste und die einzige Chance, das Ziel zu erreichen. Somit war keine Zeit, einen Vogel oder einen Baum länger zu betrachten, einen anmutig geschwungenen Hang, die unerwartete Aussicht auf Hügel zu genießen und die Gestalt jener Oryxgazellen in der Ferne. Gemächliche Eile ist erforderlich. Unerbittlich und ohne Pardon. Nicht genug Zeit, um den flüchtigen Augenblick im Hier und Jetzt zu schätzen, da das Hier und Jetzt zu schnell vergeht, wie ein Film im schnellen Vorlauf, den man nicht anhalten kann.

Wie ein wunderbares Buch mit kunstvollen, schönen Zeichnungen, von dem jedes Blatt eine längere Betrachtung verdiente, aber die Seiten blättern sich zu schnell um, so daß keine Zeit ist, sie zu betrachten, sie in sich aufzunehmen und zu erkennen, was sie enthalten.

Wenn dieses knappe Tagebuch nicht wäre, das ich mittags, wenn es zu heiß für einen klugen Gedanken war, erschöpft geschrieben habe, oder im Licht der langsam verlöschenden Glut des Lagerfeuers, dann würde ich mich vielleicht nicht an all die Pausen erinnern, an die eine oder andere schöne Aussicht, an so manche flüchtige Landschaft, die wir, erbarmungslos voranschreitend, sofort wieder hinter uns gelassen hatten.

Doch ich werde mich auch an das erinnern, was ich nicht aufgeschrieben habe. Denn die Arbeitsweise unseres Verstandes ist komplex und erfindungsreich. Und die Farben, Klänge und Lichter werden wiederkommen, unerwartet, irgendwann in vielen Jahren. Ich werde diese Erinnerungen hüten wie einen Schatz, und ich weiß, daß ich, wenn ich alt und grau bin, meinen Kamelstock, schimmernd und abgegriffen, mit unendlicher Wehmut betrachten werde. Und wo auch immer ich sein werde, der Geruch nach Harz und Staub der Ebenen von Arba Jahan wird bei mir sein.

»Ich warte auf einen lieben Klang, das Klingeln seiner Kamelglocke.«

Isobel Burton, *Brief an Lady Paget*

Ich blättere die letzte Seite um. Es gibt andere, jüngere Seiten, mit Tinte beschrieben.

Laikipia, 30. November 1993

Er hatte den Kameltreck durch Lavawüsten überstanden, und wir waren unbehelligt von *shiftah* bis nach Il Baa Okut durchgekommen.

Doch sie erwischten ihn, als er zu Hause Urlaub machte, um sich zu erholen. Zu der Zeit kam es zwischen den Stämmen Dogadia und Ajuran zu heftigen Zusammenstößen.

Shiftah lauerten Ibrahim Ahmed auf dem Weg zu seinem *boma*, nicht weit von Moyale, auf und schnitten ihm die Kehle durch. Ich sah ihn nie wieder.

Sie stahlen ihm seine neue Armbanduhr.

Laikipia, 24. Dezember 1991

Aidan flog heute morgen mit seiner Maschine über das Haus und landete vor dem Mittagessen in Kitu.

»Können wir dein Auto nehmen?« fragte er lächelnd. »Ich möchte dir etwas zeigen. Drüben am Eckdamm. Sveva soll auch mitkommen.«

Wir fuhren in der späten Vormittagssonne von meinem Haus los, in dem der Duft von gebratenem Truthahn und Tortellini das Weihnachtsessen ankündigte. Noch heute, nach zwanzig Jahren, kann ich mich einfach nicht daran gewöhnen, daß es zu Weihnachten heiß und sonnig ist, denn der traditionelle Lamettaschmuck, der für graue, verschneite Nachmittage gedacht ist, wirkt dann völlig fehl am Platze.

Wir begegneten einer Herde Impalas, einigen Zebras, Elenantilopen und Elefanten auf dem Weg zum Wasser. Doch als wir das letzte Stück mit *Carissa*-Sträuchern erreichten, sah ich sie und konnte es nicht glauben.

Ein grinsender Osman lehnte auf seinem Kamelstock; Gedi und Ahmed Nyeusi lächelten, die locker gewickelten Turbane auf ihren hoch erhobenen Köpfen; und hinter ihnen die Kamele.

Große, anmutige Ajuran-Stuten, angeführt von Racub.

Mit einem Kloß im Hals wandte ich mich Aidan zu. Ich hatte gedacht, die Kamele wären für ihn.

»Ich hatte ja keine Ahnung ...«

Er schaute mich an. Seine ernsten, aufmerksamen Augen lächelten. »Die Stuten waren immer für dich gedacht. Und Racub. Tut mir leid, daß ich dein Geschenk nicht einpacken kann. Fröhliche Weihnachten.«

Er reichte mir einen Umschlag. Darin war eine Karte. Ein Foto von mir an den Brunnen in Koiya, mit den Kamelen, die im Hintergrund im blendendweißen Licht trinken.

Auf der Rückseite stand:

»Weihnachten 1991. Für meine Liebe, fünfzig Kamele.«

Postskriptum

London, 15. März 1998

OSMAN, DAS ENDE

Eines Abends Anfang Februar 1998 kam Osman Nguya Dupa mit Aidan in dessen Flugzeug nach Ol Ari Nyiro. Er übernachtete bei Issak Ngolicha, unserem ersten Viehhüter, der demselben Stamm angehörte und mit dem er befreundet war.

Ich sah ihn am Morgen in Kuti.

Er war gekommen, um mich zu begrüßen. Er hatte einen Kamelstock in der Hand, edel glänzend vom vielen Gebrauch. Er trug seine traditionelle Kleidung, die ihn größer erscheinen ließ: einen langen Somali-*kikoi*, Hemd und dunkles Jackett, offene Sandalen, einen weißen Turban aus leichtem Musselin, einige Male um den Kopf gewickelt. Mir fiel auf, daß das Haar, das darunter zum Vorschein kam, schwarz war, als wäre das Grau, das ich bei ihm gesehen hatte, irgendwie verschwunden, und daß er jünger wirkte, als ich ihn in Erinnerung hatte.

Er war ungewöhnlich heiter, gesprächiger als je zuvor. Er erkundigte sich nach Sveva und wollte wissen, was ich so machte. Ich erzählte ihm, daß ich gerade dabei war, ein

Buch abzuschließen, dieses Buch, und daß die Geschichte unseres Kameltrecks von 1991 darin enthalten sei.

Es schien ihn ungemein zu freuen.

Er nahm meine Hand und schüttelte sie mehrmals kräftig: »*Asante sana. Kukumbuka ni mzuri. Asante sana.*« (Danke, es ist gut, sich zu erinnern.)

Er wiederholte es mehrfach mit seiner tiefen, feierlichen Stimme. In den ernsten, traurigen Augen erstrahlte ein seltenes Lächeln, das sich mit so leuchtender Intensität über sein altes Gesicht ausbreitete, daß die Erinnerung daran mich noch heute verfolgt.

Er hatte Urlaub und wollte für zwei Monate nach Moyale. Es gab viele Probleme dort. In den letzten Monaten hatte es zahlreiche Überfälle durch *shiftah* gegeben. Viele Menschen waren getötet worden, und außerdem wütete seit den El-Niño-Regenfällen eine verheerende Malariaepidemie. Dennoch freute er sich darauf, seine Kinder zu sehen. Seine Zähne waren verblüffend weiß, wenn er lächelte.

Es war das letzte Mal, daß ich Osman gesehen habe.

Die Nachricht erreichte mich eines Abends Anfang März 1998, nach Sonnenuntergang. Aidan erzählte es mir über unser internes Funknetz, am Abend bevor ich nach London aufbrach, um meine Tochter zu besuchen und dieses Manuskript abzugeben.

Osman war von *shiftah* entführt worden, und man hielt ihn für tot.

Die Verbindungen mit Moyale waren unterbrochen, und die Telefone funktionierten nicht. Wegen der Überschwemmungen waren alle Verkehrswege abgeschnitten.

Erst fast zwei Wochen später, als einer meiner Mitarbeiter aus dem Urlaub zurückkehrte, erfuhr ich, was wirklich passiert war.

Seit einiger Zeit erstattete der äthiopische Stamm der Garreh gegen Bezahlung der Tigre-Regierung von Äthiopien Bericht über den rebellischen Oromo-Clan, einen verwandten Stamm, der mit den Borana verbunden ist und denselben Dialekt spricht. Die Oromo-Rebellen übten Vergeltung. Rinder- und Kameldiebstähle waren an der Tagesordnung. Menschen wurden ermordet. Die Oromo-*shiftah* hatten Gewehre und Messer, und sie konnten damit umgehen.

Eines Morgens während Osmans Urlaubs schien der Himmel am hellichten Tag zu explodieren; Schreie, Schüsse und das Gebrüll von Rindern und Kamelen erfüllten die Luft. Die Oromo-*shiftah* griffen die *manyatta* an, wo Osman sein Vieh hielt.

Er war wenige Meilen entfernt und hörte den Lärm. Als ihm klar wurde, was da los war, lief er sofort los, um zu helfen. Man versuchte vergeblich, ihn zurückzuhalten. Mit ihm ging eine Frau, deren Sohn in dem *boma* war, und sie machte sich Sorgen um seine Sicherheit.

Auf dem Weg zu der *manyatta* wurden sie aus dem Hinterhalt überfallen. Die Frau wurde brutal zusammengeschlagen und dann liegengelassen. Man hielt sie für tot. Osman dagegen wurde in die Berge entführt.

Dort schnitten sie ihm die Kehle durch.

Sein abgetrennter Arm wurde als Warnung ins Dorf geschickt, damit niemand auf die Idee kam zu spionieren.

Der Rest seines Körpers wurde nie gefunden; bestimmt hatte man ihn den Hyänen überlassen, die jede Nacht über die kahlen äthiopischen Berge streifen.

Während ich dies schreibe, fliegt Aidan nach Moyale, um Näheres in Erfahrung zu bringen, Osmans Familie zu helfen und zu trösten.

Wenn ich nach Kenia zurückkehre und wir die nötigen Papiere zusammenhaben, werden wir uns gemeinsam auf die Suche nach Osmans sterblichen Überresten machen. Es ist sehr unwahrscheinlich, daß wir sie finden. Aber wir sind es Osman schuldig, es zumindest zu versuchen.

Als gläubiger Muslim muß er mit dem Kopf in Richtung Mekka bestattet werden. Vielleicht ist dann der Augenblick gekommen, den Abagatha der Borana für den Gefallen, den ich ihm damals getan habe, um eine Gegenleistung zu bitten. Seine Unterstützung und sein Schutz werden in dem rauhen Land, wo es von Rebellen nur so wimmelt, wo ein Menschenleben nichts zählt, von unschätzbarem Wert sein.

Zu gegebener Zeit werde ich davon berichten. Jetzt gilt es zu trauern. Traurigkeit befällt uns, wenn wir an den Gefährten unseres Abenteuers denken und wir uns seinen brutalen und barbarischen Tod vergegenwärtigen. Wir trösten uns mit dem Gedanken, daß Osman tapfer gestorben ist, und für die Menschen seines Glaubens bedeutet das, daß ihm ein Platz in Allahs Paradies gewiß ist, in der Gesellschaft von Helden.

Wie es geschrieben steht.

London, März 1998

Zitate

Richard Bach, *Die Möwe Jonathan*, übers. von Jeannie Ebner, Frankfurt a. M./Berlin 1972, S. 10.

John Donne, »An seine Geliebte: Beim Zubettgehen«, in: *Alchimie der Liebe*, ausgew. und übertr. von Werner von Koppenfels, Berlin 1986.

T. S. Eliot, »Little Gidding«, in: *Ausgewählte Gedichte*, übertr. von Nora Wydenbruck, Frankfurt a. M. 1951, S. 149.

Ernest Hemingway, »Das kurze glückliche Leben des Francis Macomber«, in: *Schnee auf dem Kilimandscharo*, übers. von Annemarie Horschütz-Horst, Reinbek 1961, S. 21.

Glossar

amani	Friede
arufu	Geruch
askari	Wachposten, Nachtwächter
ausiku	Nacht
ayah	Kindermädchen, Hausmädchen
bahary	Meer
bara bara	Straße, Weg
boma	mit Sträuchern umfriedetes Gehege
bule	Lava
bunduki	Gewehr
changaa	starkes, verbotenes, weil süchtig machendes alkoholisches Gebräu
chapati	Eierkuchen
chui	Leopard
daho	arabisches Segelboot aus Holz
damu	Blut
debe	Blechdose
demu	Teich, See
dengi	tödliches Fieber, vergleichbar mit Malaria
duka	Laden, Geschäft
faru, kifaru	Nashorn
galla	Kamel (auf somali)

gamia	Kamel (auf swahili)
gored gored	äthiopisches Gericht aus rohem Fleisch
habrai?	Was gibt's Neues?
hapana	nein
inshallah	Gottes Wille geschehe
jabia	traditionelle arabische Methode, Regenwasser in unterirdischen Behältern zu sammeln
jambo	hallo
jembe	Spaten
jua	Sonne
kaburi	Grab
kanga	loses Frauengewand
kaputi	Mantel
kaskazi	Meeresbrise
kesha	Morgen
kifaru, faru	Nashorn
kikoi	loses Männergewand
kisima	Quelle
kufuata	verfolgen
kuni	Feuerholz
ku ona	sehen
lelechwa	wilder Salbei
lugga	kleines Tal, Graben
mabati	Wellblech
maho	kleines traditionelles Holzboot
maji	Wasser
makena	Der, der lächelt
makuti	Dach aus Palmenblättern

manyatta	eingefriedete Wohnsiedlung einer Stammessippe
mashua	Boot
mawe	Fels
mawingo	Wolken
mbogani	Lichtung
mbusi	Ziege
melango	Tür, Öffnung
menanda	Viehtränke
meno	Zähne
mianzi	Bambus
miti	Baum
mlima	Hügel
muchanga	Sand
muganga	Medizinmann, Zauberer
mugu	Spuren
mugumu	heiliger Feigenbaum
mukignei	immergrüner Eukalyptusbusch
murram	roter Boden
musungu, *wasungu*	Europäer
mutamayo	Sattel
myua	Regen
mzee	alter Mann
nashukuru	Ich bin dankbar
ndege	Vogel, Flugzeug
ndofu	Elefant
ndongo/ndonga	ocker
ngombe	Vieh
nyapara	Stammeshäuptling
nyayo	Route
nyeupe	weiß
nyeusi	schwarz

nyoka	Schlange
nyota	Sterne
nyukundu	rot
nyumba	Haus
panga	Machete
posho	Maismehl
ringa	Hiebwaffe
rondavel	vorgefertigte achteckige Metallhütten
rungu	Stock, Knüppel
samaki ya mugu	Krebs
sammah	traditionelles arabisches Kopftuch für Männer
samousas	mit scharfem Fleisch oder Gemüse gefüllte, fritierte Pasteten
shamba	kleine Farm
shiftah	Räuber, Banditen
shuka	Schal, Umhang
simba	Löwe
sokho	Markt
sufuria	Topf
tafa dali	bitte
tandarua	Plane
tope	Schlamm
wachungai	Hirten
wasungu, musungu	Europäer
watu	Leute
wazee	alte weise Männer